JN066576

いまさら聞けない
「ヨコ文字」事典

造事務所

イースト新書Q

Q080

はじめに　氾濫するヨコ文字を正しく使えていますか？

「**エビデンス**あるの？」「**NFT**でひと儲け」など、最近は、当たり前のようにヨコ文字の言葉を見聞きします。あなたは、使いこなせていますか？

ここで扱うヨコ文字とは、外来語や和製英語など、本来は横書きにする文字のことです。本書では**ソリューション**や**プライオリティ**のようなカタカナや、**VR**や**CEO**のようにアルファベットで表記するものも含めて、ヨコ文字としています。

欧米の文化にあこがれる日本人は、音楽や映画、スポーツ、ファッションなどを通じてヨコ文字の言葉に触れてきました。近年は、ビジネスや最新のテクノロジーも、英字やカタカナのまま使われています。日本語に訳せない言葉も多いのですが、単に響きがカッコいいから、そのまま使われているケースもあります。

これまでは、職場の上司や先輩、得意先などが言葉の意味を教えてくれたり、間違った使い方を正してくれたりしました。ところが、新型コロナウイルス感染症の流行によって、

テレワークが導入されるようになり、私たちの働き方は一変。正しい意味や使い方を教えてもらう機会は、激減しました。

そのため、雰囲気でヨコ文字を使って、恥ずかしい間違いをしている人が増えています。「とにかくヨコ文字を並べて会話すれば、デキる大人に見える」という人も多いはず。いまさら、意味や使い方を聞けなくなっていませんか？

本書は、ニュースや会議などで見聞きする200以上のキーワードを収録しました。もちろん、ただの辞書のように、**アカデミック**な意味を説明するだけではありません。「つまりこういう意味で、こういう場面で使われる」が、しっかり理解できるように、端的な要約と、その言葉が使われる状況・場面や使い方がわかる例文をつけました。業界ごとに意味や使い方が異なるケースも紹介しています。また、類似語や似たような発音だけど意味がまったく異なる語もあわせて紹介しました。

本書を読めば、もう知ったかぶりして恥をかいたり、話についていけなくなったりすることはありません。

あなたの仕事や生活に役立つ一冊になれば幸いです。

造事務所

いまさら聞けない「ヨコ文字」事典●目次

2章 知らないとなんだか損をしそうな経済用語

3章 仕事がデキるヤツが使っているビジネス用語

4章 意味も使い方もいまいちわからないIT用語

5章 いまさら知らないとは言えないインテリ用語

1章

ニュースで耳にするけど説明できない時事用語

GAFA《ガーファ》

要約 グーグル・アマゾン・フェイスブック・アップル

例文 いまの世界経済は、**GAFA**なしでは成立しないでしょう。自分もすべてのサービスを使っているしね。

ＧＡＦＡは、グーグル（Google）、アマゾン（Amazon）、フェイスブック（Facebook）、アップル（Apple）の頭文字を並べたもので、４社の総称として使われています。グーグルは検索エンジンとインターネット広告、アマゾンはネットショップ、フェイスブックはＳＮＳ、アップルはスマホやパソコンなどのデジタル製品と、それぞれの分野で市場を席巻し、世界時価総額ランキングの上位を占める巨大企業です。

２０１２年ごろからフランスで使われるようになり、日本では２０１９年にベストセラーとなった『the four GAFA 四騎士が創り変えた世界』（スコット・ギャロウェイ著）という本で広く知られるようになりました。

市場を独占するＧＡＦＡに対し、アメリカでは２０２１年６月、下院の超党派議員らに

GAFAの時価総額

Google 1兆9,800億ドル （約225兆円）	**A**mazon 1兆8,600億ドル （約210兆円）
Facebook 9,600億ドル （約100兆円）	**A**pple 2兆6,300億ドル （約300兆円）

2021年11月現在

よって4社への規制を強化する独占禁止法（反トラスト法）の改正案が提出され、下院司法委員会は改正案を可決しました。同年10月には上院議員からも同様の改正案が提出されています。GAFAへの規制が進めば、各社は事業の見直しを迫られるかもしれません。

時価総額でGAFAに匹敵するマイクロソフト（Microsoft）を加えて**GAFAM**（ガーファム）と呼ぶくくり方をすることもあります。さらに近年は、GAFAに映像配信サービスのネットフリックス（Netflix）を加えて**FAANG**（ファング）とすることもあります。

なお、フェイスブックは2021年に社名をメタ（Meta）に変更したため、GAFAはGAMAと呼ばれるようになるかもしれません。

HSP《エイチエスピー》

要約 生まれつき高い感受性をもつ人

例文 うちの娘の人並み外れた繊細さや共感力は、**HSP**特有の才能だから、大切に育てていきたいと思う。

ハイリーセンシティブパーソン（Highly Sensitive Person）の頭文字を取ったHSPは、アメリカの心理学者エイレン・N・アローンが提唱した概念で、音や匂い、他人の言葉などの刺激に対する感受性が生まれつき極めて高い人のことを指します。繊細さんや敏感さんなどとも呼ばれています。

HSPに該当する人は、よい刺激と悪い刺激の両方に敏感で、他人の感情を自分のことのように感じたりします。その結果、疲れやすいなどの特徴があります。HSPの中には**HSS**というタイプもあります。これはハイセンセーションシーキング（High Sensation Seeking）の頭文字から取られ、HSPに比べて積極的で刺激を求める反面、疲れやすく飽きるのも早いなどの性質をもち合わせています。また、HSPに関連する用語として**HSC**が

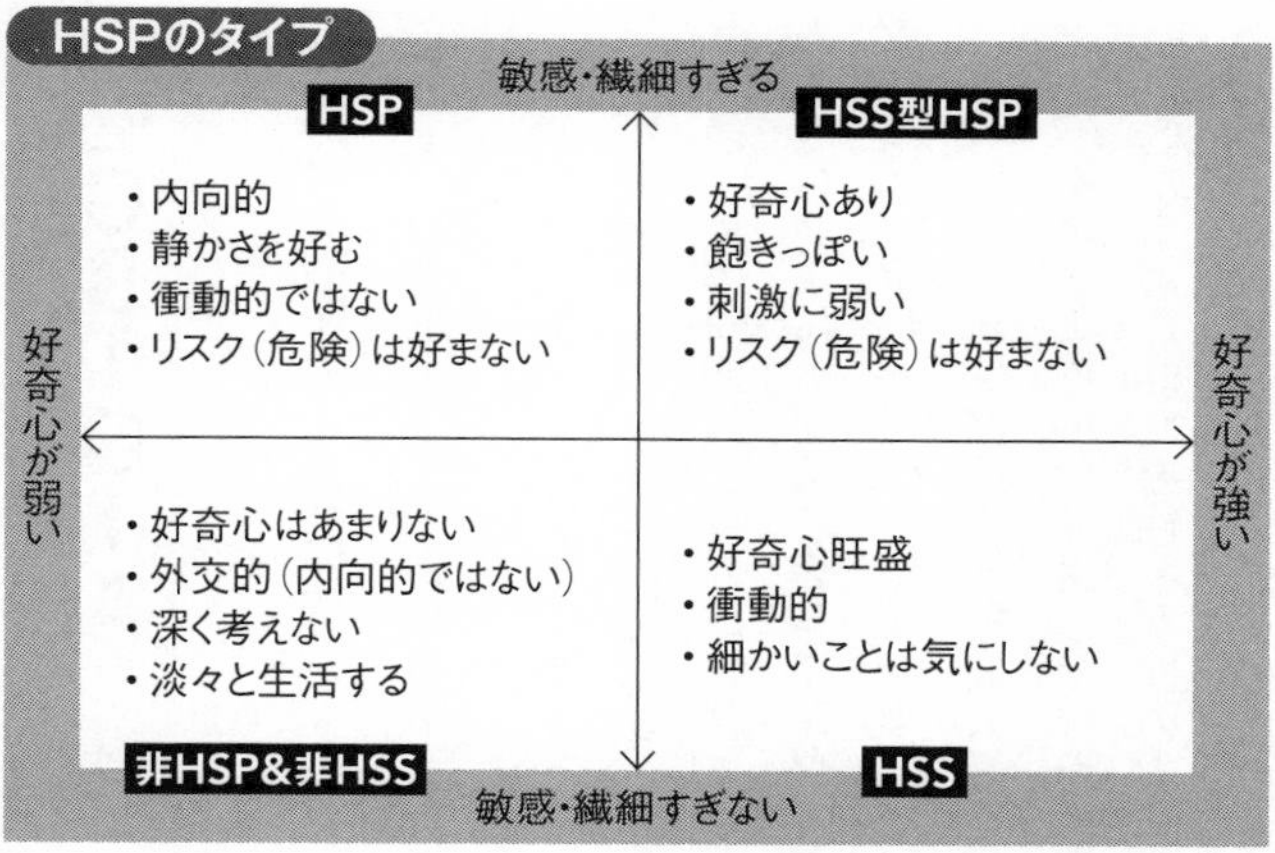

あります。こちらはハイリーセンシティブチャイルド（Highly Sensitive Child）の頭文字を取った繊細さをもつ子どもです。

使うときに注意したいのは、ＨＳＰやＨＳＳ、ＨＳＣは障害や病気ではなく、あくまでも個人の性質であると理解しておくことです。

ＨＳＰと似た資質を表す言葉に**ギフテッド**があります。これは、同世代と比べて並み外れた知能や才能をもつ子どもを指します。

ただし、ギフテッドは**ADHD**（注意欠如・多動症）や自閉症、強いこだわりがみられるアスペルガー症候群などの発達障害とも類似した特徴をもち合わせているケースもあります。専門家でなければ判別できないので、これらの言葉を使う場合は注意が必要です。

エルジービーティーキューアイエー
LGBTQIA

要約 少数派のいろんな性

例文 家族や友達など、身近にいる人が**LGBTQIA**をカミングアウトしても差別が起こらない社会にしたいね。

近年、多様性を象徴する言葉としてよく耳にするようになりました。女性の同性愛者の**レズビアン**（L）、男性の同性愛者の**ゲイ**（G）、両性愛者の**バイセクシュアル**（B）、生まれつきの身体的性別と自分が認識する性別が異なる**トランスジェンダー**（T）の頭文字であるLGBTに、**クエスチョニング**と**クイア**（Q）、**インターセックス**（I）、**アセクシュアル**（A）を加えた総称です。性的**マイノリティ**（P50）を表現するときに使われます。

クエスチョニングは性的指向（好きになる相手の性）や性の自覚が定まっていない人などを、クイアは性的マイノリティ全体を意味する言葉です。インターセックスは身体的に一般的に定められた男性・女性の中間もしくはどちらも一致しない状態を意味し、日本語では性分化疾患と呼ばれています。なお、インターセックスは性的指向とは定義が異なる

LQBTQIA

Lesbian（レズビアン）	体と心の性別は女性で、性的指向も女性である人。
Gay（ゲイ）	体と心の性別は男性で、性的指向も男性である人。
Bisexual（バイセクシュアル）	体と心の性別を問わず、性的指向が両性である人。
Transgender（トランスジェンダー）	体の性別と心の性別が一致しない人。
Queer（クイア）	「風変わり」という意味を肯定的に捉えた言葉。当事者によって使われている。
Questioning（クエスチョニング）	自分の性別や性的指向を決められない、迷っている状態の人。
Intersex（インターセックス）	体の状態を指すもので、現在では「DSDs:体の性のさまざまな発達」と呼ばれている。
Asexual（アセクシュアル）	無性愛者。同性だけでなく異性に対して恋愛感情を抱かない、性的指向が誰にも向いていないセクシュアリティとされている。

ためLGBTには含まないという考え方もあります。アセクシュアルは誰に対しても恋愛感情や性的感情を抱かない人を指しています。

QIAの人たちが公の場で発言するようになり、LGBTに含まれない性的マイノリティの存在も広く知られるようになりました。そのため、LGBTとそれ以外をまとめたLGBT＋や**LGBTs**という表現も使われるようになっています。

このほか、性の要素を表す言葉として、性的指向のセクシュアルオリエンテーション（Sexual Orientation）、性自認のジェンダーアイデンティティ（Gender Identity）、性表現のジェンダーエクスプレッション（Gender Expression）を組み合わせた**SOGIE**（ソジー）もあります。

ＰＦＩ《ピーエフアイ》

要約 民間が公共施設を運営すること

例文 市が新設するごみ処理場はＰＦＩ事業に決定したので、弊社の技術提案をまとめ、入札の準備を進めよう。

プライベートファイナンスイニシアチブ（Private Finance Initiative）の頭文字を取ったＰＦＩは、公共施設の建設や維持管理、運営について、民間の資金や経営能力、技術を活用することを指します。国や地方公共団体が、国民や県民・市民に良質なサービスを効率的に提供する手段として用いるパブリックプライベートパートナーシップ（**ＰＰＰ**＝官民連携）の1つで、近年積極的に導入されています。

従来の公共事業では、国や地方公共団体が設計、建設、運営の方法を決定してから、個別に民間事業者に発注していました。ＰＦＩに変更すれば、事業全体の効率的なリスク管理や事業コストの削減につながります。こうした背景から、ＰＦＩが日常的に使われるのは行政機関と建設業界、そして行政に関わるコンサルティング業界です。

QOL《キューオーエル》

要約 生活の質

例文 父は病気になってから趣味の絵画に熱中し、自分らしく納得のいく**QOL**の維持を目指しています。

その人が満足する生活の質や人生の質を意味するクオリティオブライフ（Quality Of Life）の頭文字を取ったのがQOLです。人々の生活を物質的な面から量的にとらえるだけでなく、精神的な豊かさや満足度も含めて質的にとらえる考え方から生まれました。

医療や介護、福祉の分野では、患者や要介護者、高齢者施設入居者らの精神状態や満足度をはかるための指標として重視されています。たとえば「当院では患者様とご家族への聞き取りによりQOLの評価を数値化する」といった使い方がされています。

近年は、社員のQOL向上を企業理念としてあげる会社も多く、QOL意識の高い企業は評価されています。また、家電業界では「QOLを高めてくれる新商品」といった広告コピーでも使われおり、暮らしの質があがるという視点での商品開発も進んでいます。

SDGs《エスディージーズ》

要約 地球の問題を解決する目標

例文 弊社は**SDGs**の理念に賛同し、数年前から再生可能エネルギーの利用に取り組んでいます。

2015年9月にニューヨークの国連本部で開催された国連サミットにおいて、161の加盟国は2030年までに達成すべき、目標数値をともなう開発目標を採択しました。それがサステナブルデベロップメントゴールズ（Sustainable Development Goals＝持続可能な開発目標）で、略称がSDGsです。

SDGsは、地球温暖化や気候変動といった環境問題のみならず、差別や貧困、教育、エネルギー、雇用、国家間の不平等、人権問題など、世界中に広がる諸問題を解決するために設けられました。途上国・先進国が共に取り組んでいくべき17個のゴール（目標）と169のターゲット（具体的目標）が設定されていることから、**グローバルゴールズ**とも呼ばれています。

国連での採択以降、ＳＤＧｓという呼称は世界中で使われるようになります。国内でも広報がはじまると、一気に浸透しました。

国は、ＳＤＧｓの達成順位を外国と競うようになり、（２０２１年時点で日本は世界18位）、公共施設で使う電力をすべて再生可能エネルギーでまかなう自治体が登場するなど、積極的な取り組みが広がっています。

また、民間でも企業が持続可能な社会の実現に向けて貢献するとしてＳＤＧｓに取り組む事例が増えています。

なお、企業価値の向上のために、実態がないにもかかわらずＳＤＧｓに取り組んでいるふりをすることはＳＤＧｓウォッシュと呼ばれています。

VR《ブイアール》

要約 仮想的な空間

例文 最新のプレイステーションを買えば、**VR**の世界の中でドキドキするゲーム体験を楽しめるよ。

バーチャルリアリティ（Virtual Reality）の頭文字を取った言葉で、日本語では仮想現実といわれます。コンピュータ技術によってつくられた人工的な環境から受ける、さまざまな疑似体験を指します。映像を360度見渡せるため、人工的な環境でありながら、あたかも現実であるかのように感じさせるのが特徴です。VR技術は、とくにプレイステーションに代表される家庭用ゲーム機や映画との相性がよいようです。建築分野では、パソコン上につくった建造物の内部に入って空間の広さを体感できるVRソフトが普及しています。

よく似た技術の**AR**は、オーグメンテッドリアリティ（Augmented Reality）の頭文字を取った言葉で拡張現実と訳されます。実在する風景に仮想世界の視覚情報を重ねて表示し、目の前にある世界を仮想的に拡張する技術です。

アウフヘーベン

要約 対立する2つを統合した第3の案で解決すること

例文 会議で意見が2つに割れて対立したけど、議論の末に**アウフヘーベン**して最良の案が出たよ。

アウフヘーベンはドイツ語で拾い上げる、または保存するという意味です。日本語では止揚や揚棄と訳されますが、その意味がわからない人は多いかもしれません。

そもそもは、ドイツの哲学者ヘーゲルが唱えた弁証法（対立するものごとから新しい見識を生む方法）の用語で、相反する2つの命題や矛盾する要素を掛け合わせ、より高い次元で統一することを表します。小池百合子東京都知事が会見で使ったことで認知されるようになりました。

ちなみに、ヘーゲルはあるものごと（命題）を**テーゼ**と呼び、テーゼに対立するものごとを**アンチテーゼ**と呼びました。ここから、日本では主流となっている事象や考え方と相対するものをアンチテーゼと呼ぶようになりました。

アジェンダ

要約 議題のまとめ

例文 部内会議の**アジェンダ**は、新商品のプロモーション展開なので、広報担当者にも出席してもらいますね。

おもにビジネスシーンで用いられます。議題や議事日程を意味し、ビジネスでは検討課題や会議の予定を意味します。混同しやすい**レジュメ**は、講演や論文などすでに決まっている内容の要約を指すのに対し、アジェンダはこれから行う会議の議題をまとめたものになります。上司から「明日の会議のアジェンダを提出してくれ」と命じられたら、会議で検討すべき議題を箇条書きにして提出しましょう。

最初に公の場所で使われたのは、1992年にブラジルで開催された地球サミット。各国が地球環境問題に取り組む行動計画はアジェンダ21と名づけられました。以来、日本では政治家が一時期「わが党のアジェンダは～」と口にし、重要な政策を指す言葉として浸透しました。こういう経緯から、行動計画や行動指針という意味でも使われています。

アセスメント

要約 客観的に評価すること

例文 あの会社は環境**アセスメント**の結果、土壌に問題ありとなって太陽光パネルの設置を断念したらしい。

英語のアセスメント（assessment）は評価や査定という意味です。これが転じて、日本ではものごとを始める前に、それがどのような影響を及ぼすのかを客観的な基準に基づいて数値化して評価する場合に用いられます。

自治体や建設業界でよく使われる環境アセスメントは、その開発が環境に及ぼす程度や範囲を予測し、どのような対策を講じるのかを事前に検討することを指します。「環境アセスメントを実施し、地域住民の不安を取り除くことが大事」といったように用います。

製造業や建設業でよく使われるリスクアセスメントは、事業の危険性や有害性を評価し、リスクを低減する措置です。企業の人事分野では、社員の採用や配属に際して、その対象者を適性検査などで客観的に評価する人材アセスメントが行われています。

アノニマス

要約 匿名

例文 インターネットの掲示板へ書き込みをするのは**アノニマス**ばかりなので、情報は信頼できないですね。

国際的なネットワークをもつハッカー集団の名称として知られるようになったアノニマス。もともとは、作者不詳の、匿名のという意味です。インターネット上の情報や掲示板サイトなどに対し、「アノニマスだから本音が吐露される」などと使われます。

デザイン業界では、**アノニマスデザイン**という言葉もあり、デザイナーが特定できない、または伏せられているデザインのことを指します。また、はさみやポットなど長い歴史の中で名前の知られていない多くの人々が関わって発展した、実用的な道具やグッズのデザインをアノニマスデザインと呼ぶことがあります。

ファッションの分野では、特徴がなく主張を抑える様子を表す場合に「ロゴが小さくてアノニマスだね」ということもあります。

アンガーマネジメント

要約 怒りのコントロール

例文 鈴木課長はよくキレる。20人のチームのリーダーなんだから、**アンガーマネジメント**を身につけるべきだよね。

直訳すれば怒りの管理方法となります。つまり、怒りの感情をうまくコントロールすることです。また、1970年代にアメリカで生まれた、怒りの感情と上手につきあうための心理教育・心理トレーニングを指す場合もあります。

近年、職場での**パワハラ**の増加を背景に、その防止策としてアンガーマネジメントが注目されるようになりました。大手企業では、パワハラ防止のみならず、生産性や部下の教育・指導の質の向上を目的に社員研修への導入が増え、資格取得も推奨されています。

アンガーマネジメントの研修が実施されることで、人間関係トラブルが減るケースは増えています。怒りのピークは6秒といわれているので、嫌なことがあったときは、まず6秒我慢してみるとよいかもしれません。

インフルエンサー

要約 大きな影響力をもつ人

例文 **インフルエンサー**の彼がSNSで商品を紹介したら、売上げが増加したんだって！ 影響力あるねぇ。

人々に影響を与える人のことをいいます。この言葉が普及したのは、2000年代の中盤以降のこと。インターネットにブログが普及し、ブロガーの影響が強まったことが背景にあります。著名なユーチューバーや、SNSで多くのフォロワー数をもっている人がインフルエンサーに該当します。

とりわけ、10万人から100万人以上のフォロワー数をもつ芸能人やモデルの影響力は大きく、コスメや洋服などの売れ行きを左右するほどになっています。

近年では、インフルエンサーを商品の販売促進や宣伝に活用する手法が広まっています。インフルエンサーを通じて自社商品やサービスの宣伝を行うことはインフルエンサーマーケティングと呼ばれています。

オンラインサロン

要約 ウェブ上の会員制コミュニティ

例文 ある実業家が運営する**オンラインサロン**に入会したら、企画立案のノウハウを教えてもらい、仕事に役立った。

インターネット上に設けられた会員制コミュニティのことで、多くが月額数千円程度を支払い、実名で参加する方法を採用しています。会員は運営者や参加者とウェブサービスやSNSを通じてコミュニケーションができます。サロンの内容は、運営者ファンの集まりや趣味のサークル、実用的な**スキル**を学べるもの、悩み相談などさまざまです。

2012年ごろに登場して以来、多くの実業家やタレントが、事業としてオンラインサロンを開設しました。

2020年春以降は、新型コロナウイルス感染症の予防のため活動が制限され、自宅で過ごす時間が長くなったことで、利用者数も増えました。個人でなく大手企業も運営に参入するようになり、新たな文化として定着しつつあります。

クラスター

要約 集団／感染者集団

例文 われわれ飲食業界は、新型コロナウイルスの新たな感染拡大に備えるため**クラスター**対策を講じる必要がある。

そもそも英語のクラスター（cluster）は同人種の集団を意味し、化学や都市開発、軍事、コンピュータ、統計・解析、感染症など、さまざまな分野で使われていました。

2020年春以降は、新型コロナウイルス感染症の拡大に際して感染者の集団を表す言葉として浸透しました。共通の感染源をもつ5人以上の感染者の集団をクラスターと呼び、「クラスターが発生した」といった使われ方をします。

統計分野ではクラスター分析という言葉があります。これは、データをある基準に基づいて集団に分けて解析する方法です。軍事分野では、一定区画を面的に攻撃する爆弾をクラスター爆弾と呼んでいます。また地域内で金融機関や教育機関など特定の産業が集まり、結びついている状態は産業クラスターと呼ばれます。

グルテンフリー

要約 小麦粉に含まれるタンパク質を含まない

例文 彼女は、もう1カ月以上もダイエットや体質改善のために**グルテンフリー**の生活を続けている。

パンやパスタ、うどんなどの主原料である小麦粉には、グルテニンとグリアジンというタンパク質が含まれています。小麦粉に水を加えてこねることで、この2つが絡み合いグルテンとなります。グルテンフリーとは、食品にグルテンが含まれていない状態を指し、転じてグルテン（小麦粉）を含む食品をとらない生活を意味します。

グルテンをとることで小麦アレルギーを発症したり、腸の細胞が破壊されることで腹痛や倦怠感などの不調を訴えたりする人がいます。グルテンフリーは、そういう人たちに向けた食事療法として開発されました。やがてグルテンフリーにより体質や肌質の改善が期待できることがわかり、実践する人が増加しました。需要に応じ、グルテンフリーの食品は増えており、健康志向とともにグルテンフリーが注目されています。

コンヴィヴィアリティ

要約　共に生きること

例文　将来、日本が海外から大量の移民を受け入れるなら、**コンヴィヴィアリティ**が問われるだろう。

コンヴィヴィアリティは、宴会や饗宴を意味するラテン語のコンヴィヴィウムから派生した言葉で、共に生きることや自立共生という意味で使われます。

コンヴィヴィアリティが知られるようになったのは、オーストリアの哲学者イヴァン・イリイチが1973年に出版した『コンヴィヴィアリティのための道具』という本です。

イリイチは道具や制度が増えすぎることで、人生における選択能力や自由度が下がると警鐘を鳴らし、人々と道具、制度が互いに自立共生することが必要になると説きました。

近年、筑波大学准教授の落合陽一が講演会やインターネットでイリイチと同著を紹介したことで、一般に知られるようになりました。会議の席で「いまの時代に必要なのはコンヴィヴィアリティですよね」などといえば、共生社会に理解がある人と見られるでしょう。

サステナブル

要約 持続可能な

例文 君たち若い技術者には、自然環境や生態系に悪影響を及ぼさない**サステナブル**な開発が求められているんだ。

サステナブルとは、環境や社会、経済などが持続可能なという意味で、サステナビリティは持続可能性という意味です。

国連は1987年に「環境と開発に関する世界委員会」の報告書の中で、サステナブルデベロップメント（持続可能な開発）という概念を提唱しました。以降、この言葉は「サステナブルな開発」「サステナブルな経済発展」といったように使われています。

たとえば、ある企業が「サステナブルな発展を目指す」と宣言したなら、「自然環境や社会システムの維持に努めながら活動をする」といったことになります。また、サステナブルは**SDGs**（P18）とも関連します。サステナブルを実現させるための目標がSDGsであると覚えておきましょう。

スクリーニング

要約 選別・選抜

例文 たくさんの応募者の中から、わが社にあった人材を**スクリーニング**するのが私の仕事です。

新型コロナウイルス感染症を検査するために実施されたスクリーニング検査から日常的に使われるようになった言葉です。スクリーニングとは、もともと複数の対象の中からふるいにかけ、条件に合うものを選び出すという意味でした。

現在、医学や化学分野では検査・実験に、企業では人材の適性や能力を審査する際に用いられます。たとえば前者では「前立腺がんの可能性がある人を見つけるためスクリーニング検査を実施」、後者では「適性検査や筆記テストなどで応募者をスクリーニングし、弊社が欲しい人材を絞る」といったように使われます。類似語に**フィルタリング**と**モニタリング**があります。フィルタリングは、必要なものと不要なものを分ける、または排除すること。モニタリングは監視することや観察して記録することを意味します。

ソーシャルディスタンス

要約　人と人との距離

例文　あの店、ものすごく混雑していたし、席も近かった。**ソーシャルディスタンス**を無視してるよな。

2020年春以降、新型コロナウイルス感染症の拡大防止対策として、3密（密閉・密集・密接）の回避ともに対人距離の確保を呼びかける言葉として定着しました。

直訳すると社会的距離となり意味がわかりづらいですが、実際には相手との距離という意味です。現在、このソーシャルディスタンスの目安は、ウイルスが飛沫により飛ぶ距離の約2メートルとなっています。

なお、世界保健機関（WHO）は、ソーシャルディスタンスを**フィジカルディスタンス**（物理的距離）にいい換えるよう推奨しています。ソーシャルディスタンスだと、社会的なつながりからも離れてしまうように受け取られ、人々が孤立してしまう懸念があったため、物理的な距離だけに止めるべきという考えがあるからです。

ソーシャルワーカー

要約 困っている人を支援する仕事の人

例文 うちの母は困っている人を助けたいと思い立って**ソーシャルワーカー**になり、介護施設で働き始めた。

ソーシャルワーカーは、病気や障害、貧困などによる暮らしの相談にのり、解決や支援を行う専門職の総称です。そのため、おもに医療、福祉、介護、教育の分野で用いられます。「彼は特別養護老人ホームでソーシャルワーカーを務めている」「自治体や福祉施設の児童相談員や生活相談員はソーシャルワーカーの一種」といったように使われます。

職種としてのソーシャルワーカーは資格がなくても名乗れるのに対し、福祉面での相談や援助を専門に担当する社会福祉士、社会福祉施設の介護職員として介護業務に就く介護福祉士、精神疾患を抱えている人に関わる精神保健福祉士の3士は、国家資格をもっている者しか名乗れません。ソーシャルワーカーには、この3士も含まれますが、自治体や施設によっては3士のみをソーシャルワーカーと呼ぶ場合もあります。

ダイバーシティ

要約 さまざまな人や働き方を受け入れること

例文 外国人労働者にくわしい佐藤教授に外国人の現地採用の話を聞いて、**ダイバーシティ**経営を進めよう。

広く多様性を意味するダイバーシティは、とくにビジネスの場でよく使われます。企業が性別や年齢、国籍、人種、宗教、障害の有無、性的指向などにかかわらず、多様な人材を活用し、多様な働き方を受け入れることを意味します。

また、自治体でも価値観やライフスタイル、働く場所や雇用形態の多様化が図られており、経営者や自治体の長などには、ダイバーシティマネジメントが求められています。

ちなみに、英語のダイバーシティ（diversity）はラテン語の「di」（離れる）、「verse」（向きを変える）、「ity」（こと）が由来です。東京のお台場にはダイバーシティ東京という商業施設があります。これは、さまざまな客層を取り込むショップと地名をかけたネーミングになっています。

デジタルネイティブ

要約 生まれたときからインターネットがある世代

例文 おじいちゃん、最新のスマホやアプリのことは、遠慮なく**デジタルネイティブ**の僕に聞いてよ。

団塊の世代、ゆとり世代などのように、ネット世代ともいわれるのがデジタルネイティブです。1980年代以降に生まれ、デジタル環境の中で育った世代を指します。アメリカでは**ミレニアル**世代、Z世代（**ジェネレーションZ**）と呼ばれ、これらの言葉とともに日本に広まりました。ミレニアルは千年紀のという意味で、2000年以降に成人を迎えた人たちです。

ミレニアル世代は最初のデジタルネイティブで、1980年代から1990年代中旬に生まれた世代を指し、Y世代とも呼ばれます。デジタル機器やサービスが普及するのを身近に見て育ち、最新技術に馴染みやすく、多様性にも寛容であるといわれます。

Z世代は、1990年代中旬以降に生まれた、現代の若者層です。学生時代にSNSが

一般的だった、**SNSネイティブ**でもあります。スマホやタブレットを自分の一部のように使いこなし、危機管理意識も高いといわれます。

YやZが使われるのは、前の世代をX世代（**ジェネレーションX**）と呼ぶためです。これも、アメリカの世代分類の1つ。日本では、1965年から1980年ごろに生まれた団塊ジュニア世代であり、2022年時点で40代から50代となる人たちです。

Z世代の次となる、α世代（**ジェネレーションアルファ**）も登場しています。2010年以降に生まれた、Y世代（ミレニアル）の子どもたちです。Y世代は子どもの意見を聞いて買い物をすることが多いため、デジタル機器メーカーはα世代の動向に注目しています。

ドラフト

要約 下書き

例文 正式な提案書は来月に完成させます。まずは**ドラフト**をつくりますので、確認をお願いします。

ビジネスにおいて、下書きや草案の意味で使われ、アイデアを出すことを指す場合もあります。プレゼン資料や提案書、契約書のドラフトとは、たたき台のようなもの。そこからブラッシュアップして、正式な書類へと完成させていくのです。

ドラフトと聞くと、毎年11月に開催されるプロ野球のドラフト会議を思い出す人も多いでしょう。正式には新人選手選択会議といいます。ドラフトは、軍隊などへの強制的な召集令の意味をもちます。プロ野球のドラフトは、指名された球団に入団することから、徴兵と似た構造であることから、この言葉が使われるようになったと考えられます。

最後に忘れてならないのが、ドラフトビール。日本では熱処理をしていない生ビールを指しています。使うシーンや国によって、まったく意味が異なるのです。

ドローン

要約 無人航空機

例文 弊社も来年度から新規事業として、測量と点検の**ドローン**ビジネスを展開しようと考えています。

　近年、ドローンを活用したビジネスが活発になっています。建築現場での測量や建造物の点検、農業における農薬散布、空撮やスポーツなどの撮影ビジネス、配達事業、災害や事故現場といった危険地での情報収集などがあります。

　ドローンとは本来、雄蜂のこと。諸説ありますが、第二次世界大戦中に、イギリス軍が開発した射撃訓練用の無人機の名前が女王蜂（Queen Bee）でした。のちにアメリカでも開発され、イギリスに敬意を払い、雄蜂（ドローン）と命名したといわれています。軍事用ドローンは、偵察や空爆などに使用されました。2010年にフランスで玩具としてのドローンが登場し、アプリで操作できる手軽さが人気となり普及しました。現在は商業利用もされていますが、危険も多いために法整備や規制が進んでいます。

バイオマス

要約 動植物から生まれた資源

例文 ライバルのA社が地球に優しい企業活動をするために、**バイオマス**の活用を検討しているそうだ。

エネルギー関連や**インフラ**（P74）などで使われているバイオマスは、生物資源（バイオ）の量（マス）を表す言葉です。バイオマスを燃焼させた際に放出される二酸化炭素は、光合成によって吸収された二酸化炭素であるため、大気中の二酸化炭素を新たに増加させない**カーボンニュートラル**（炭素中立）という、地球に優しい資源とされます。

発電のほか、バイオガスやバイオディーゼルといった燃料製造や熱利用もされ、レジ袋やテープなども、バイオプラスチックへの切り替えが進んでいます。バイオマスには、家畜の糞尿やパルプ廃材などの廃棄物系、稲わらなどの未利用バイオマス、トウモロコシといった資源作物があります。木質ペレットやチップも、その1つ。日本ではカナダや中国などからの輸入量が増え、海外でも利用が高まりつつあります。

ハラスメント

要約 嫌がらせ

例文 田中部長はやることなすこと**ハラスメント**だらけなのよ。人事部じゃなくて裁判所に訴えてやろうかしら。

英語のハラスメント（harassment）は嫌がらせや迷惑行為のこと。日本では１９８０年代に社会問題化し、１９８９年に被害女性が裁判を起こしたことで注目されました。同年の流行語大賞に、**セクハラ**が選ばれています。**パワハラ**も職場でよく問題になります。

現在、ハラスメントは40種以上あります。妊娠・出産した社員に嫌がらせをする**マタハラ**（マタニティハラスメント）や、血液型で人を判断する**ブラハラ**（ブラッドタイプハラスメント）、臭いによる不快行為を指す**スメハラ**（スメルハラスメント）などがあり、**テレワーク**の普及によって**リモハラ**（リモートハラスメント）も登場しています。

価値観は人それぞれなので、何がハラスメントに該当するかわからない時代です。何気ない雑談にも、細心の注意を払ったほうがよいでしょう。

ファシリテート

要約 会議で前向きな発言を引き出すこと

例文 次の会議では、参加者全員に自由に発言してもらい、よい結論を得られるよう、君が**ファシリテート**してほしい。

もともとは英語で、促進する、容易にするなどを意味する動詞です。これが転じて、近年はビジネスにおいて「会議や事業などのグループ活動が円滑に行われるよう、議長やリーダーが参加者を支援する」というニュアンスで頻繁に使われています。

名詞の**ファシリテーション**は、ものごとを容易にできるようにすることの意味になり、議長が会議で参加者の発言を促し、生産的になるよう支援することを指します。ファシリテートやファシリテーションが「する」をつけて動詞として使われるのに対し、**ファシリテーター**といった場合は、ファシリテートする人を指します。

たとえば、「ファシリテーターとして、意義のある会議にしてほしい」と上司に任命されたら、公平な立場で会議を生産的に運営する進行役兼まとめ役を任されたと覚悟して、会

議の準備にとりかかりましょう。

さらにファシリテーターは、会議において参加者の積極的な発言を引き出し、全員の合意を得る必要があることから、それなりの**スキル**が必要となります。たとえば「山田さんは別の意見をおもちではないですか？」と意見を求めたり、「加藤さんはこのプロジェクトに加われますか？」と参加を促したりするのは、まさに会議をファシリテートするスキルといえます。

それらのスキルを身につけたら、「彼がファシリテーターになったおかげで、最近の会議はとてもファシリテートしている」と評価されるかもしれません。

なお、発音の似ている**ファシリティ**は、施設や建物を意味する別の言葉です。

ファスティング

要約 断食

例文 最近あいつ、健康のためとかいって1週間に1日**ファスティング**しているらしいけど、何か変わったか？

ファスティング（fasting）は、断食や絶食を意味します。特定の食べ物や食事を一定期間とらないことを指します。「fasting」は「fast」の現在分詞で、一時的に断食していることを表しています。もとは祈願、服喪、抗議といった理由によって、世界的に広く行われる宗教的行為でした。

近年広まりつつあるファスティングは、宗教的な目的で行われる断食・絶食とは異なります。食を断つという行為は同じでも、健康効果が期待されているのです。というのも、現代人は1日3回食事していますが、昔に比べて明らかに食べすぎで、カロリーの過剰摂取により生活習慣病になるリスクが高まっていているからです。

食を断つのは、食べすぎることによって消化にエネルギーを使いすぎる、代謝が落ちる

のを防ぐ、という理由もあります。
そのため、食を断つといっても修行僧のように何日も断食・絶食するのではなく、食事の量や回数を少なくする、1日1食にする、半日だけ断食する、週末だけ断食を取り入れるなど、実践方法はバラエティに富んでいます。
ほかにも、（断食などで）戒律をしっかり守ることから、固定した、しっかりしたという意味に発展しました。さらに、しっかり走る（run fast）とスピードが速いので、速いの意味に転じたという説があります。
なお、同じ食を断つ意味で使われる**ハンガーストライキ（ハンスト）**は、絶食や減食をして主義や主張を広く訴える手法です。インドにおける非暴力抵抗運動として始まったとされます。

ベーシックインカム

要約 必要最低限のお金を全国民へ支給すること

例文 **ベーシックインカム**の導入を主張すると、働きたくない人だと思われてしまうが、それは誤解だ。

社会保障制度の話題や議論の際に使われるベーシックインカムとは、年齢、職業、収入に関係なく、政府が定期的に一定金額を現金給付するしくみのことです。基本的なという意味のベーシック（basic）と収入を意味するインカム（income）が合わさった言葉で、基本所得という意味になります。イギリス出身の思想家であるトマス・ペインが、18世紀末にベーシックインカムの原型となる考え方を提唱したとされています。

世界の多くの国がベーシックインカムの政策・制度の導入を検討していますが、労働意欲の低下や財源確保の問題があって、本格始動は難しいと考えられています。

経済的に困窮している世帯が受けられる生活保護と混同されやすいのですが、ベーシックインカムは、一律に給付するという点で大きく異なります。

ホスピタリティ

要約 心のこもったおもてなし

例文 あのレストランのサービスは、**ホスピタリティ**にあふれていて、素晴らしいスタッフばかりだった。

ホスピタリティの語源は、ラテン語で客をもてなす人や宿主、客人を意味するホスピス(hospes)、あるいは客人の保護を意味するホスピクス（hospics）とされています。hospicsは、巡礼に出た旅人が病気になったときに現地の人が看護、飲食や宿泊場所の提供を行ったことに由来し、ここからホスピタル（hospital＝病院）という言葉も生まれています。

接客業でよく使われる言葉で、心をつくした最上のおもてなしを意味します。奴隷を意味するセルヴィタス（servitus）を語源とするサービスは、主従関係や規則に従って均一にもてなすことです。決定的な違いは、ホスピタリティとは一方通行の奉仕にとどまらない共感や感謝、喜びを共有する点です。サービス業、医療福祉業界どもよく用いられ、「ホスピタリティが高い」「ホスピタリティの精神」などと使われます。

ポピュリズム

要約 大衆に迎合して人気をあおる政治姿勢

例文 カリスマ性のある人物が、**ポピュリズム**によって大衆の不安や不満を煽動することがあるため、注意が必要だ。

大衆の支持のもとで、エリート層への対抗や体制を批判する政治思想・体制をポピュリズムといいます。近年の代表的なポピュリズムは、アメリカのトランプ大統領（２０１７年１月～２０２１年１月）の政権といえるでしょう。メキシコとの国境に壁を建設する構想は、移民の存在を不安に思う保守的な立場の人々を喜ばせましたが、人気のために民衆の機嫌をとっていると批判されることも少なくありませんでした。

語源は、人民を意味するラテン語のポプルス（populus）で、接尾語として主義・主張を意味する「ism」がついています。アメリカでは19世紀末、農民の不満や支配層に対する反感から第三政党の人民党が結成されました。通称ポピュリズム党とも呼ばれていたことから、この言葉が広まったといわれています。

ポリティカルコレクトネス

要約 差別のない表現をすること

例文 新商品の名称を決めるときは、**ポリティカルコレクトネス**を重視しなければならない。炎上するからね。

ポリコレと略されて使われ、こちらのほうがなじみ深いかもしれません。ポリティカルコレクトネスは、政治的なという意味のポリティカル（political）と正しさという意味のコレクトネス（correctness）という2つの語から構成されています。正しいという意味のコレクト（correct）に、性質や状態を表す抽象名詞のネス（ness）がプラスされた言葉だと覚えれば、言い間違えることはなくなるでしょう。

この言葉は、1980年代のアメリカで、政治的・社会的に公正・公平・中立で、差別や偏見のない用語や言葉を使おうという運動から広まったとされています。

わかりやすい例として、日本ではかつて看護婦や保母と呼ばれた職業が、女性に限るものではないということから、看護師や保育士という名称に変化しました。

マイノリティ

要約 少数派

例文 うちの経営者は役員たちの意見だけじゃなく、**マイノリティ**の意見にも耳を傾けてほしいものだ。

マイノリティ（minority）は、より小さい、二流の、少数の、取るに足らないといった意味のマイナー（minor）の名詞形です。

マイノリティは、権力や発言権が弱く、職業や文化、民族、身体的特徴などの違いにより、差別や偏見にさらされることがしばしばあります。

マイノリティがつく言葉には、**LGBTQIA**（P14）などの性的マイノリティ、**ノイジーマイノリティ**（口やかましい少数派。主張が激しく、サイレントマジョリティよりも目立つ）などがあります。

対義語の**マジョリティ**（majority）は、より多くの、人気がある、重要なといった意味のメジャー（major）の名詞形です。

マイノリティとマジョリティ

	マイノリティ（少数派）	マジョリティ（多数派）
居住地域	地方在住	都市圏在住
性的指向	同性愛・両性愛・全性愛など	異性愛
出身地	被差別部落出身者など	被差別部落以外の出身者
国籍	外国人 など	日本人
障害の有無	障害者 など	健常者

メジャーという言葉もマイナーという言葉も、どちらもラテン語を起源としていて、スポーツのメジャー（マイナー）リーグ、音楽ではメジャー（マイナー）コード、ビジネスではメジャー（マイナー）な商品などと広く用いられています。

なお、マジョリティには単に多数派というだけでなく、発言権が強い、有利な立場であるという意味もあります。例外的に、かつてアパルトヘイト（人種分離政策）が行われていた南アフリカでは、黒人よりも白人のほうが圧倒的に人数が少なかったにもかかわらず、支配する側のマジョリティの立場でした。

マジョリティがつく言葉には、**サイレントマジョリティ**（積極的な発言をしない大衆）などがあります。

マンスプレイニング

要約 男性的マウント

例文 僕も家事を手伝うよと恩着せがましくいう男性は、まだ**マンスプレイニング**を理解していないと思うわ。

英語のマンスプレイニング（mansplaining）は、男性を意味するマン（man）、説明するという意味のエクスプレイン（explain）を合わせて縮めたマンスプレイン（mansplain）の動名詞形となります。この言葉の概念が広まったのは、レベッカ・ソルニットのエッセイ『説教したがる男たち』（２００８年刊行）がきっかけです。ただしソルニット自身はマンスプレイニングという言葉を用いておらず、オックスフォード用語辞典によれば、２００８年５月にインターネット上で使用されたのが初出だとされています。

日本ではまだまだ、自分は当てはまらないと考えている男性がほとんどかもしれません。なお、類似語の**マウント**は、上に乗るの意味から転じて、コミュニケーションにおいて優位性を主張することを指します。

リテラシー

要約 情報を読み解く能力

例文 ネット**リテラシー**が低いと、真偽が定かでない情報を信じ、拡散することにつながるので、細心の注意が必要だ。

英語のリテラシー（literacy）は、読み書きができる、教養がある、学識があるといった意味のリテレイト（literate）の名詞形です。読み書きの能力を指しますが、そこから転じて、正しい情報をつかみとって解釈し、活用する能力という意味で使われます。インターネットやコンピュータの利用拡大とともに広まった、比較的新しい言葉です。

メディアリテラシー、情報リテラシー、ネットリテラシー、金融リテラシーなど、名詞と組み合わせて用いられます。また、その能力をわかりやすく示す尺度として「リテラシーが高い」「リテラシーがない」、そのほか、身につける、向上させるとも表現されます。

同じような意味を表す言葉で**コンピテンシー**がありますが、これは経験を活用した能力という意味で使われます。

リベラル

要約 自由主義的なスタンス

例文 次の選挙では、保守寄りでなく**リベラル**寄りの政策を掲げている候補に投票しようと思っています。

政治のニュースで頻繁に登場するリベラル（liberal）は、ラテン語で自由な、を意味するリーベル（liber）に由来しています。伝統や習慣にとらわれずに個々を尊重する、自由や多様性を重視するという意味合いでリベラルな校風、リベラルな雰囲気などと表現することもあります。

政治的には、自由主義的であり、穏健な革新を目指していく考え方や立場のことです。日本ではリベラルの反対である体制側を「保守」といいますが、実際には保守とリベラルで二分できるわけではありません。アメリカでは、共和党が保守、民主党がリベラルと両者の違いがはっきりしていますが、日本の場合、リベラル派とされる政党や政治家の政策が保守寄りだったり、その逆もあったりと、リベラルと保守が混在しています。

レガシー

要約 遺産

例文 うちの会社はいまでも給料を手渡しされるが、これは創業期からずっと続いているレ**ガシー**なんだ。

英語のレガシーは（legacy）遺産や財産などを意味します。ただし一般的にはお金の財産というよりも、思い出の品という意味での遺産や、いなくなった人の考え方、その人が残した伝統などに使われます。

たとえば、大統領など首脳が退いたあとの国、経営者が代わった（引退した）後の会社、祖父母が亡くなったあとの家庭などいろいろな場面で活用できます。

思い出の品や伝統文化のほかに、世代から世代に受け継がれる習慣や亡くなった人が残した考え方など、プラスの意味で使われることも多いですが、その一方で「無駄に長い朝礼はいまの社長の命令ではなく、前社長が引退しても遺っているレガシーだよ」のように、悪い習慣を揶揄するときにも使われます。

レジリエンス

要約 困難な状況にもくじけない心

例文 プロジェクトが失敗して田中部長にひどく叱られたって？　こういうときこそ**レジリエンス**を発揮しないと。

もともとは物理学の用語で、物質の反発性や弾力性を表す言葉でした。たとえば、ガラスは衝撃を与えると割れてしまうので、レジリエンスのある物質ではありません。対してレジリエンスのあるゴムは柔らかく、簡単に壊れたりせず衝撃を与えても弾力をもって吸収・反発します。

この意味が転じて、困難な状況に直面してもくじけずに生きていける、しなやかな心を指すときに用いられるようになりました。

さらに今日では弾力性という元の意味のとおり、激動する時代の変化についていけるだけの柔らかい思考を表す言葉として使われます。数年で価値観が大きく変わってしまう現代では、古い価値観にこだわらずつねに頭を切り替えていかないと、あっという間に取り

残されてしまいます。レジリエンスをもつことが、ビジネスパーソンとして評価されるようになってきています。

レジリエンスが人の心のしなやかさを表す言葉として使われるきっかけとなったのは、第二次世界大戦後のホロコースト孤児たちの動向調査だったといわれています。

孤児の中には親を失ってもたくましく生きている子どもと、逆に時間が経っても人生に希望をもてず立ち直れない子どもがいました。その違いがレジリエンスであると指摘されるようになったのです。

なお、不動産の物件名でよく使われている**レジデンス**は高級住宅という意味で、まったく別ものです。

レペゼン

要約 代表する

例文 あの芸人さんがラッパーをまねて、おれは**レペゼン**茨城と発言していたけど、出身地とは違うよね。

レペゼンはもともとヒップホップの用語として生まれ、日本のラッパーたちがよく使います。

語源は「代表する」を意味する英語の「represent」。読み方はレプレゼントですが、語呂が悪く使いにくかったため、日本人が4文字に短縮したレペゼンが使われるようになりました。レペゼンのあとに地名をつけてレペゼン東京とすると、東京を代表するという意味になります。地名のほかに性別などが入る場合もあります。ただし、短縮する用法は海外では通用しないため、外国人に「レペゼン日本!」などといっても伝わりません。

ちなみに、ヒップホップでは**a.k.a**もよく使われます。これは「also known as」の略で別名を意味し、○○a.k.a●●は、○○またの名は●●となります。

ロックダウン

要約　都市封鎖

例文　感染が拡大している国では、全土で**ロックダウン**が実施されているそうだ。街がさびれていくかもね。

２０２０年のコロナ禍をきっかけに大流行したロックダウン。もともとは英語で、都市や国の全土を封鎖するという意味です。外国では文字どおり都市の封鎖が行われましたが、日本では緊急事態宣言というロックダウンよりやや緩い行動規制措置が実施され、ロックダウンはいまのところ行われていません。

コロナ禍以前に英語圏でロックダウンが使われていたのは、刑務所でした。問題を起こした囚人を、鍵をかけた独房に閉じ込めて監視することを指します。

なお、パソコンやスマホでもロックダウンという機能があります。これは、セキュリティ対策として誰かに余計な操作をされないよう、機能やアプリを封鎖、制限することをいいます。

ワークアズライフ

要約 仕事とプライベートを分けない生き方

例文 私は来年には自分で会社を立ち上げて、**ワークアズライフ**を実現していきたいと思っている。

英語のワークアズライフ（Work as life）を直訳すれば、人生としての仕事となります。働き方を含めた人生観を表す言葉で、筑波大学准教授の落合陽一がよく使うことで広く知られました。さまざまなメディアに登場する落合は、仕事とプライベート（趣味）を分けず、すべてが人生であり、趣味であると提唱しています。

これと対照的なのが、**ワークライフバランス**です。文字どおりワーク（仕事）とライフ（生活）のバランスをとるという意味になります。

これまでは、仕事とプライベートをはっきり分ける考え方が主流でした。バランスをとるべきか、ぜんぶ人生なのか……。いずれにしても、世界でもとくに働きすぎといわれる日本だからこそよく耳にする言葉です。

2章 知らないと なんだか損をしそうな経済用語

B《ビー》 to《トゥ》 B《ビー》

要約 企業同士の取引

例文 資本の大きな会社とのBtoBは受注単価が大きく、継続的な取引になるので安定した売上げが見込めるな。

ビジネストゥビジネス（Business to Business）の略語で、メーカーとサプライヤー（製品の部品を製造し供給、納入する業者）、卸売業者と小売業者、元請け業者と下請け業者など、企業が企業と取引することを指します。Ｂ２Ｂとも表記されます。

企業間の取引では購入量が多く単価が高くなることから、購入に対して慎重になります。その結果、時間はかかるものの、契約が成立すれば継続的な取引になるので安定した売上げが見込めます。そのため、**BtoC**（企業と消費者間の取引）と比べて大きな市場規模となるのが特徴です。

さまざまなビジネスシーンに登場する言葉です。「弊社は部品を仕入れて加工し、それをメーカーに納品する製造業なので、取引はＢｔｏＢだけです」のような使い方ができます。

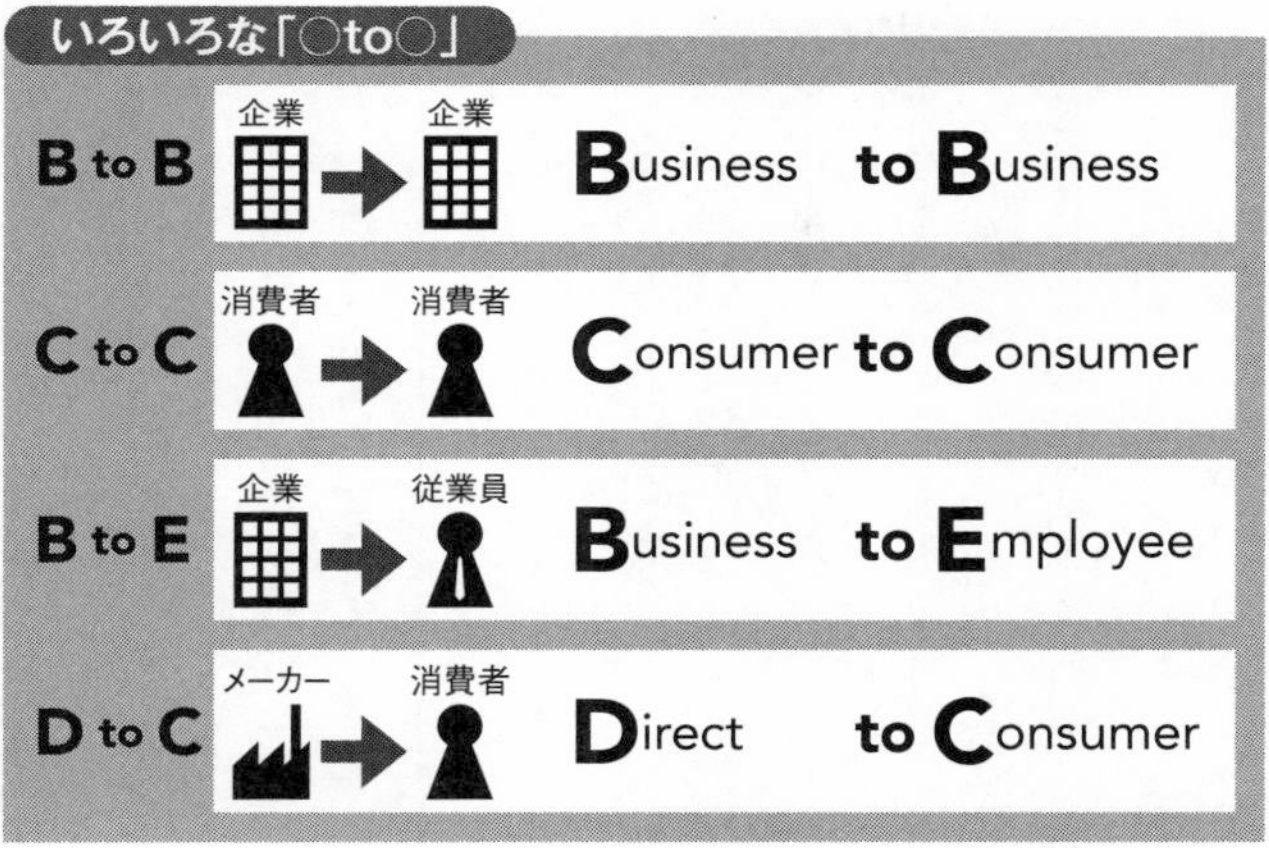

ＢｔｏＣはビジネストゥコンシューマー(Business to Consumer) の略語です。一般消費者にとってスーパーでの買い物や、アマゾンに代表されるオンラインショッピング、飲食店での食事、ファッションビルでの洋服の購入、美容院でのカットなど、日常的に行う取引のほとんどがＢｔｏＣとなります。

百貨店やホテルは企業とも取引していますが、おもな購入者・利用者は個人なので、ＢｔｏＣです。ＢｔｏＣの特徴は、ＢｔｏＢと比べ購入量が少なく取引の単価が低いことです。

フリーマーケットのような個人が個人にモノやサービスを提供する商取引は、コンシューマートゥコンシューマー（Consumer to Consumer）で、略語は**ＣｔｏＣ**となります。

エムエムティー

MMT《エムエムティー》

要約 借金してでも政府資金を投資すべきとする経済理論

例文 私は学生時代に佐藤教授のゼミでMMTを学んだから、財政破綻は起こらないと考えている。

ＭＭＴはモダンマネタリーセオリー（Modern Monetary Theory）の頭文字を取った言葉で、現代金融理論と呼ばれています。経済全体を分析するマクロ経済学理論の1つで、アメリカの経済学者ステファニー・ケルトンやラリー・ランダル・レイらが、1990年代末から提唱しはじめました。

ＭＭＴの理論の1つに「自国通貨と自国通貨建ての国債を発行できる国は破綻しない」というものがあります。日本では日本銀行がお金を発行しています。また、国は予算の赤字分を埋めるために国債を発行し、金融機関を経由して日本銀行が買い取っています。

多くの経済学者やマスコミは、「これ以上財政赤字を増やしたら、国の財政は破綻する」と警鐘を鳴らしてきました。ところが、ＭＭＴを唱える経済学者たちは、政府が国債をど

れだけ発行したとしても、金融機関を経由して、日本銀行がいくらでも買い取ることができるため、国債とお金の流れは途絶えることはないとする持論を展開。つまり、破綻しないということです。
　この理論は、経済学を二分する議論に発展し、大きな話題を呼びました。
　MMTという用語が登場するのは、ニュースや新聞、専門書に限られていますが、上司や得意先が使うかもしれないので、意味は覚えておきましょう。たとえば財政の話題になったとき、「MMTの理論によれば、財源は絶対に尽きないということになるわけですが、実際のところどうなのでしょうか」と切り出してみれば、財政通として一目置かれるのではないでしょうか。

エヌエフティー

NFT

要約 本物だと証明されたデジタル資産

例文 お気に入りのアーティストが**NFT**を始めたので、自分も暗号通貨の取引にチャレンジしてみようと思う。

暗号通貨ビットコインは、銀行を介さず利用者同士が直接取引できる画期的な発明です。これを可能にしたのは、取引データのまとまり（ブロック）を暗号技術によって1本の鎖（チェーン）状につなげ、記録できる**ブロックチェーン**と呼ばれる技術です。ブロックチェーン上では、**トークン**と呼ばれる暗号資産（代替通貨）が発行されています。

トークンは3種に分類されます。NFTはそのうちの1つで、ノンファンジブルトークン（Non Fungible Token）の頭文字を取ったもの。非代替性トークンともいい、骨董品やアート作品のように唯一固有の存在として発行され、複製や改ざんが不可能とされます。これに対し、共通の単位であれば自由に分割・代替できるのは**ファンジブルトークン（FT）**、両者の中間に位置するものは**ハイブリッドトークン（HT）**と呼ばれています。

これらの用語は、おもに金融業界とＩＴ業界で使われ、「最近好調なのは、ＮＦＴ関連銘柄の暗号通貨です」「オンラインゲームにＮＦＴが利用され、レアなアイテムに１００万円の価値がついた」などの会話がされていることでしょう。

トークンを利用した経済圏を**トークンエコノミー**といいます。サービスを提供したい側が、貨幣の代わりにトークンを発行し、それをユーザーが購入することによってトークンに価値が生まれます。こうして、トークンエコノミーは成り立っています。

その一例が、ＮＦＴを活用したデジタル上のアート作品である**クリプトアート**（ＮＦＴアート）です。コレクターや投資家は作品の所有権をトークンで購入しています。

アセット

要約 資産

例文 うちの父は退職金に手をつけておらず、老後のために**アセット**マネジメントを依頼する会社を探しています。

資産や財産を意味するアセットは、おもに金融や保険、不動産業界で使われるほか、投資家や資産家が用いています。

アセットマネジメントといった場合は、株式や投資信託のような金融商品などの資産を効率よく運用・管理することを意味します。また、これを個人や企業に代わって行う業務や業者を指す場合もあります。アセットマネジメント会社は、資産運用代行会社といい換えることができます。

投資関連の会社の人たちと会うと、「どのようなアセットマネジメントをされておられますか?」と聞かれることがあります。営業のアプローチをかわすためには、「そもそも運用するアセットがありません」と返事するとよいでしょう。

アナライズ

要約 分析

例文 君、次の会議で報告するから、最近の市場動向を年齢・性別・世帯収入ごとに分けて**アナライズ**しておいてくれ。

分析に関係する用語の多くがカタカナで使用されています。アナライズと**アナリシス**は分析や解析、**アナライザー**は分析するための装置、**アナリティクス**はデータや統計を計算的に分析することを指します。このうちアナライズは「企業価値をアナライズする」といったように「する」をつけて、分析するという意味で使われています。

アナリストは、専門分野の情勢や事柄を分析して判断する人を指します。専門家というニュアンスもあり、企業分析や市場予測を行う証券アナリストや、景気動向についてコメントする経済アナリストのように、職業名としても使われています。多くの場合、アナリストと名乗るために資格は不要です。イメージでなんとなくアナリストを名乗ることの是非について、一度分析してみてもよいかもしれません。

イニシャルコスト

要約 初期費用

例文 あのチェーン店、人通りの多い場所に出店しているけど、店の**イニシャルコスト**はいくらなんだろう？

開業や出店、新規事業から、コンピュータシステムの導入に至るまで、初期費用が発生します。この、ものごとを始める際に必要になる費用をイニシャルコストといいます。

たとえば新しい機械を導入する際には、稼働するまでに購入費のほか、運搬費や据え付け費用などがかかります。新しい店を出す際には土地購入費、賃貸の場合は保証金のほか、店舗建設費や改築費用、電気工事、配管工事、什器や家具の購入費などの費用が必要となります。これらすべてがイニシャルコストです。

これに対して継続して使う際にかかる費用を、**ランニングコスト**といいます。月額や年額などで支払っているインターネットのプロバイダ料金、家賃、水道代など仕事や暮らしに欠かせないもののほか、**サブスクリプション**（P170）も、これに含まれます。

イノベーション

要約 革新的な技術やしくみ

例文 これからはどんな場面にも対応できるように、ヒトにもモノにも**イノベーション**が必要不可欠な時代になるぞ。

現在のビジネスやふだんの生活は、数々のイノベーションのうえに成り立っています。イノベーションとは、社会に大きな変化をもたらす革新的な技術やしくみのことです。用いられる分野は、コンピュータやスマホといった技術革新に限りません。宅配便やネットショップのような革新的なサービスの開発や、同性婚の法令化といった新しい制度の導入も含め、幅広い分野で用いられています。

ビジネスシーンでは、会社の業績が伸びないときに「新しいことに挑戦しよう。いまこそイノベーションが必要だ」と経営者が社員にメッセージを発しがちですが、革新的なものはつくれず、改良や改善で終わるケースも多いようです。なお、名詞形の**イノベーター**は革新者を表しますが、新しいものにすぐに飛びつく人という意味もあります。

インカムゲイン

要約 資産を保有することで継続的に受け取れる利益

例文 私の場合、株の配当という**インカムゲイン**があるので、退職しても一定の収入が見込めます。

インカムは所得や収入、ゲインは利益。インカムゲインとは、このよく似た意味の単語を足して生まれた和製英語で、なんらかの資産を保有するだけで安定的・継続的に受け取れる収入を指します。

この用語を仕事で使っているのが、証券会社や不動産会社、郵便局の社員、銀行員です。彼らは「そろそろインカムゲインを確保しましょうか」といった営業トークで迫ってきます。では、具体的には何を指すのかといえば、株式なら配当金、債券と預金なら利子、不動産なら家賃収入、がインカムゲインにあたります。

インカムゲインの対義語は**キャピタルゲイン**（P79）です。コツコツと安定した収入を得たい人は、ぜひインカムゲインを確保しましょう。

インバウンド

要約 外国人の日本旅行・旅行客

例文 コロナの影響で**インバウンド**が激減したので、外国人旅行客が地方のアウトレットモールに来なくなった。

外から中に入ってくることを意味する英語のインバウンド（inbound）から転じて、日本にやってくる外国人観光客を指す言葉として用いられています。対義語の**アウトバウンド**は、日本から出ていく旅行者のことです。

観光地や、大型の商業施設などでおもに使われます。その他にマーケティング関連の業界などでインバウンド消費、インバウンド需要などと使われます。「次の商品はインバウンド需要を取り込む戦略を」と上司にいわれたら、日本にきた外国人が買いたくなるような商品のプレゼンを考えるといいでしょう。

また、インバウンドはインターネットやコンピュータ関連の用語としても用いられます。意味は同じで、外から入ってきたメールやファイルのことを指します。

インフラ

要約 生活に欠かせない施設

例文 便利な世の中というけど、山間部や離島にはいまだに**インフラ**の整備が遅れている地域がたくさんあります。

インフラは英語のインフラストラクチャー（infrastructure）を略した言葉で、もともとは下部構造という意味でした。これが転じて、1990年代後半からは産業や生活の基盤として整備される施設を指すようになりました。

該当する道路、鉄道、水道、学校、病院などに共通するのは、社会で共有する性格をもっていること。「交通インフラの整備が必要」といえば、道路や鉄道の施設が足りないか、使い勝手が悪いという意味になります。

社内インフラは、基盤となる施設・設備を会社に置き換えた表現で、有線・無線のネットワーク回線やパソコン、業務用ソフトなどを表しています。

よく耳にする**インフレ**はインフレーション（inflation）の略で、物価の上昇のことです。

エッセンシャルワーカー

要約 社会生活を支える仕事をする人

例文 ふだんは忘れがちだけど、多くの**エッセンシャルワーカー**のおかげで、私たちの生活は成り立っているんだ。

エッセンシャルは絶対必要なという意味です。つまり、エッセンシャルワーカーとは、私たちの日常生活を支えてくれる、社会にとって必要不可欠な仕事をしている人々を指します。たとえば、医療、福祉、保育、農業、小売業、通信事業、公共交通機関などで働く人がそうです。

２０２０年春から始まったコロナ禍では、感染のリスクを負いながら現場で働く医療従事者に対し、「私たちの命を守るエッセンシャルワーカーだ」「エッセンシャルワーカーに尊敬の念を抱く」といった表現で感謝の気持ちを表す人が増えました。

対義語は、日常生活に必要不可欠とはいえない仕事をする人を意味する**ノンエッセンシャルワーカー**です。

オルタナティブ

要約 既存のものに代わる新しいもの

例文 新人のあいつは視野が広くて、**オルタナティブ**な発想に基づいたアイデアを出してくるから、すごく助かる。

環境、エネルギー、音楽、ライフスタイルなどさまざま分野で用いられているオルタナティブ。もともとは複数のものから1つを選ぶという意味でした。現在は、既成のものに取って代わる新しいものを表す言葉として使われています。

たとえばオルタナティブエネルギーは石油の代わりとなるエネルギー、オルタナティブテクノロジーは省エネや無公害の技術、オルタナティブな政策といえば、主流のものに代わる政策を意味します。

ほかにもオルタナティブスクール、オルタナティブ教育、オルタナティブ投資などの用語が登場しています。どの用語も、オルタナティブを代替や代わりのという言葉に置き換えると意味が通じるようになります。

ガバナンス

要約 組織内を統制するしくみ

例文 わが社は今回の不祥事を機に社外取締役と監査役を増やし、**ガバナンス**の強化を図ってまいります。

ガバナンスは統治や支配という意味です。そう聞くと権力者が国を治めるイメージを思い浮かべがちですが、経済用語としておもに企業の統治に関して用いられています。

2000年代に粉飾決算やリコール隠しなど、大企業の不祥事が相次いだことから、それを防ぐ方法として注目されました。「企業のガバナンスを強化する」といった使い方がされています。コーポレートガバナンスといえば、不正が起こらないようにするために、株主などの利害関係者が企業の経営を監視するしくみを指します。

ガバナンスが内部統制のためのしくみであるのに対し、類似語の**コンプライアンス**（P82）は企業が法律や社内規則をきちんと守ること、という意味です。まっとうな企業には、カバナンスとコンプライアンスの両方が不可欠といえるでしょう。

カルテル

要約 同じ業種の企業が競争を避けて結ぶ不正な協定

例文 うちの会社が入札していた事業、じつは合計7社による価格**カルテル**が行われていたそうです。

仮にある業種の売上げ上位3社が、特定の商品の価格を同一にする協定を結んだとします。すると、高い価格が設定されることになり、消費者は損をします。このように同一業種の企業が販売価格や生産量、販路などを共同で取り決める行為をカルテルといいます。

カルテルは、自由競争を阻害する「不当な取引制限」にあたるため独占禁止法で禁止されている違法行為。ニュースや新聞では、「公正取引委員会は、一般家庭向け電力の料金を巡ってカルテルを結んだ疑いで、電力3社に立ち入り調査」といった報道がされます。

類似語の**トラスト**は、カルテルよりも結びつきの程度が高く、同業種の企業が合同して市場を独占することをいいます。**コンツェルン**は、独占価格を形成するために資本を通じて結びついたグループを指します。

キャピタルゲイン

要約 値上がり益・売却益

例文 あいつ、保有していた株を高値のときに売って、なんと10万円ほどの**キャピタルゲイン**が出たんだって。

株式や債券、不動産など、保有している資産の値上がりによる利益や、これらの資産を売却することによって得られる利益をキャピタルゲインといいます。

証券会社の担当者は顧客に対して「キャピタルゲインを期待して株式を保有してください」「必ずしもキャピタルゲインが出るわけではありません」などと説明します。一方、購入時より高値で株を売った人は「キャピタルゲインを得た」といった使い方をします。

株主への配当や家賃収入のように、保有するだけで安定的・継続的に得られる収益である**インカムゲイン**（P72）はマイナスにはなりません。これに対しキャピタルゲインは、買ったときよりも値下がりした状態で売れば損をしてしまうことになります。これを**キャピタルロス**といいます。

コモディティ

要約 特徴が薄くなり一般化した商品／先物取引で扱われる商品

例文 ジャンクフードやスナック菓子の**コモディティ**化が年々進んでいるので、満足感が得られなくなったな。

本来のコモディティは日用品や商品を意味し、マーケティング用語と投資用語では、まったく異なる意味で使われています。

マーケティング用語として使われる場合は、商品やサービスの機能、品質による差別化が困難となり、価格低下が起こることを指します。こうした状態をコモディティ化といいます。「パソコンは部品の標準化により、品質に差がなくなった。アップル社以外のパソコンはコモディティ化している」といった場合がそうです。

投資用語として使われる場合は、原油や天然ガスなどのエネルギー類、金や銀などの貴金属類、トウモロコシや大豆などの農産物類のことを指します。世界の商品先物取引所で取引がされている、これらの商品に投資することをコモディティ投資といいます。

コワーキング

要約 場所や情報を共有しながら独立した仕事をするスタイル

例文 私はふだん、Wi-Fi完備の**コワーキング**スペースで仕事をしていて、異業種の人とも交流しています。

東京では、300以上ものコワーキングスペースが誕生しているといわれています。コワーキングとは、おもにフリーランスの人が、作業スペースを共有して使うこと。2005年ごろにサンフランシスコを中心に始まったワークスタイルです。コワーキングスペースといった場合は、共同で仕事をする場所を指します。

「コワーキングは、個人で事務所を借りるよりコストを抑えられる」「情報交換ができるからコワーキングスペースを使う」といった使い方がされています。シェアオフィスやレンタルオフィスとの違いは、コワーキングスペースがオープンスペースであり、相互交流を促すようなレイアウトになっていること。それ以外は、ほぼ意味は同じと考えてよいでしょう。

コンプライアンス

要約 法律や倫理を守ること

例文 昨日の夜、鈴木課長がタクシーでトラブルを起こしたらしい。**コンプライアンス**違反で減給だろうな。

すべての組織に必要なもの、それがコンプライアンスです。法令遵守と訳され、企業が社会規範に反することなく、法律や企業倫理を守って活動することを指します。そのため、おもに経営の分野で使われています。また、企業の不祥事を扱う新聞やテレビでもよく見聞きする用語です。

法律や倫理に背く不祥事を起こした大企業が「コンプライアンス体制の確立が急務」と発表したら、これまではコンプライアンスを重視していなかったけれど、今後は責任者を設け、遵守するしくみを急いでつくるという意味です。

なお、法律に違反しなくても、個人情報流出や大手銀行のシステム障害のような社会的信用を失ってしまう事件が発生する場合も、コンプライアンスに違反したとみなされます。

サプライヤー

要約 製品の部品などを供給する業者

例文 わが社は部品を供給する**サプライヤー**だけど、つねに消費者の視点を忘れずメーカーに意見や提案をしています。

製造業界や流通業界でよく用いられる言葉です。サプライヤーは、製品の部品などをつくって供給する企業を表します。

自動車を例にあげれば、トヨタや日産などは製品を製造するメーカーで、タイヤやガラス、カーナビなどを供給する業者がサプライヤーとなります。

サプライチェーンは、原料調達、生産管理、物流、販売までを連続したシステムとしてとらえたときの名称。「サプライチェーンを取り入れたマネジメント」といえば、取引先との受発注や社内部門の業務を、コンピュータを使って統合管理することを指します。

サプライヤー側から見た買い手は**バイヤー**と呼ばれ、メーカーにとっては材料の卸業者や代理店など、買い付けてくる仕事をする人を指します。

サンクコスト

要約 途中でやめた際の回収できない費用

例文 商品開発に費用と時間がかかりすぎているので、このへんで一度**サンクコスト**を計算してみようか。

サンクコストとは、投資した事業から撤退しても回収できない費用のことで、埋没費用ともいいます。たとえば、10億円の資金を投下して新規事業を推進したとしましょう。しかし事業は数年間赤字で、将来性もなく中止する場合、投じた10億円がサンクコストになります。新規事業や商品開発を続ける会社は、これに直面している最中かもしれません。もともとは行動経済学の用語で、ビジネスの現場で使われるようになりました。

行動経済学では、「人間は投下額が大きいほど元を取ろうとする心理が働き、サンクコストを無視して投資を続ける傾向にある」という研究がなされているそうです。

あなたのまわりに競馬やパチンコで負け続けているのに「勝つまで勝負を続ける」と宣言している人がいたら、ぜひサンクコストの意味を教えてあげましょう。

ステークホルダー

要約 利害関係者

例文 会社が**ステークホルダー**を重視するというのなら、私の給料やボーナスの向上にも努めてもらいたいものだ。

企業が発するメッセージでよく登場する用語の1つです。ステークホルダーの語源は「stake（掛け金）」を「holder（保有する人）」で、もともとは競馬の馬主の集まりを表していました。これが転じて、利害関係をもつ人を指す言葉になりました。

企業では、株主、社員、得意先、地域社会までを含めて使われるため、文脈によって誰を指すのかが異なってきます。上場企業が株主総会の前に「ステークホルダーの理解を得ることを重点に総会を進めます」といったメッセージを発する場合、一般社員や顧客が参加しない株主総会で用いられることから、ステークホルダーは株主を指します。

ヒラ社員が「私もステークホルダーのひとりだ」と発言した場合、使い方は間違っていません。営業や事務などの職種でも利益を生んだり、経費がかかったりするからです。

ダンピング

要約 投げ売り

例文 うちの商品が**ダンピング**されていると聞いて調べたが、まったくの紛い物だったので安心した。

不当廉売を指す言葉ですが、イメージがつかめない人でも、投げ売りといえばピンとくるかもしれません。ダンピングとは、商品やサービスを不当に低い価格で販売すること。とくに外国市場で国内価格よりも安く販売することを指します。

ダンピングは、適切な価格で商品を提供しているほかの事業者に損害を与えることから、独占禁止法や条約によって規制されています。そのため貿易や法律に関する分野のほか、テレビや新聞の報道で見聞きする場合が多いでしょう。「アジアやアフリカ諸国では、欧米諸国での余剰農作物のダンピングを禁止している」といった使い方がそうです。

スーパーやドラッグストアが打ち出している**EDLP**（エブリデイロープライス＝毎日安売り）は通常の経済活動の範囲内なので、ダンピングとは違って規制されません。

ディスクロージャー

要約 経営内容を公開すること

例文 去年から**ディスクロージャー**したことで会社の透明性が増し、さらなる顧客獲得につながった。

金融機関は、銀行法や信用金庫法の規定に基づき、財務状況や業務内容をまとめたディスクロージャー誌を半期ごとに公開しています。また、金融会社が投資信託などの金融商品を販売する場合は、投資家や株主に対して商品内容や経営に関する情報を公開するよう、金融商品取引法や証券取引法などによって義務づけられています。

このように企業による経営内容の公開をディスクロージャーといいます。経営が良好な企業ならディスクロージャーは投資家からの信頼を獲得し、企業価値を高めるために欠かせないとして、進んで行うでしょう。一方で、経営にとって不利な不祥事も開示が求められるため、一部ではディスクロージャーにより株価が下がり、投資家にマイナスの影響を与えることもあります。「公開して後悔した」なんてことのないようにしたいものです。

トレーサビリティ

要約 過程を追跡するしくみ

例文 弊社では産地や原料など、消費者の安心・安全を重視して、つねに**トレーサビリティ**を万全にしています。

２０００年初頭から２０１０年にかけて、大手メーカーや老舗食品会社による、原料や産地、製造日の偽装が相次いで発覚し、社会問題に発展しました。そんな時期に注目されるようになったのが、追跡可能性を意味するトレーサビリティです。簡単にいえば、生産や製造から流通、廃棄、保管などの商品の移動を追跡するしくみです。

原材料が加工された場所や出荷された日時などの情報がＩＣタグやバーコードに記してあるため、何か問題が生じたときに出荷を止めたり、回収したりできます。食品業界では、「トレーサビリティの普及により、食品偽装がある程度防げるようになった」と歓迎されています。食品業界以外でも導入されており、車に搭載するドライブレコーダーや、調剤業務を画像で記録する調剤レコーダーもトレーサビリティシステムの１つです。

ファンダメンタル

要約 経済の基礎的な指標

例文 経済学部の佐藤教授が、投資を始めるなら**ファンダメンタル**分析を学んでからにしなさいといっていたな。

英語のファンダメンタル（fundamental）は、基本的であるさまと訳され、経済用語としては、基礎的な指標を意味します。複数系の「s」がついた**ファンダメンタルズ**になると、国や企業の経済の基礎的諸条件となります。

国のファンダメンタルズは、経済成長率や物価上昇率、財政収支などを指し、企業の場合は、売上高や利益といった業績や資産、負債などの財務状況、株価などを指します。

ファンダメンタル分析は、企業や国の経済状態を表す指標を参考に株価や為替の値動きを予測する方法です。たとえば証券会社の窓口で「個人投資家にはファンダメンタル分析は難しいので、投資のプロにお任せください」と切り出されたら、投資信託の選定から運用まで信頼して任せてほしいという意味になります。

フィンテック

要約 金融と情報技術が合体した新しいサービス・企業

例文 速くて楽でかさばらないいなど、いいことばかりな電子決済も、**フィンテック**のうちの1つだ。

フィンテック（FinTech）は、資産運用を意味するファイナンス（Finance）とテクノロジー（Technology）を組み合わせた造語で、金融と**ICT**（情報通信技術）を組み合わせた新しいサービスや、それらを提供する企業を総称した言葉です。

適応分野は、決済、送金、融資、通貨、資金調達、保険など多岐にわたります。そのため「フィンテックは金融のあり方を変える」「多くの企業がフィンテックに取り組んでいる」など、いろんな使い方ができます。

ちなみに、デジタル技術を活用して資産運用のアドバイスや運用を手伝う**ロボアドバイザー（ロボアド）**はフィンテックによって生まれた投資家向けのサービスです。資産運用会社が提供しており、市場は年々広がっています。

ヘッジファンド

要約 資産家などから預かった資金で高い収益を得ようとする投資組織

例文 **ヘッジファンド**に資産運用を任せている父に話を聞いたら、空売りや空買いをしてかなり利益が出ているらしい。

特定の個人投資家や投資会社から預かった大口の資金を、多様な変動商品に投資して運用する投資組織、それがヘッジファンドです。ヘッジには避けるという意味があり、ファンド（投資）のリスクを回避するという言葉に由来します。

金融派生商品である**デリバティブ**取引なども駆使して、株式や債券、為替などに積極的に投資を行って運用実績をあげ、出資者に配当をもたらすのが彼らの仕事です。多くのヘッジファンドは、自己資本に対して何倍もの**レバレッジ**（収益率を高めるために自己資金にかける倍率）を効かせて取引します。これはハイリスク・ハイリターンの手法なので、運用に失敗して破綻するケースもあります。ヘッジファンドだからといって、リスクを完全にヘッジできるわけでないことは、覚えておきましょう。

ホールディングス

要約 複数の株式会社を傘下にもつ会社

例文 新規事業で急成長した君の会社は来年、子会社をつくって**ホールディングス**になるのか。

近年、○○ホールディングスという社名をよく見聞きするようになりました。ホールディングスとは、持ち株会社のこと。つまり、ほかの複数の株式会社を支配する目的で、その会社の株式を保有する会社です。略して**HD**と表記します。

企業が成長して規模を拡大すると、子会社を設立していきます。それがグループになり、成長すればするほど統制が取れなくなっていきます。それを回避し、外資に負けないようにするため多くの日本企業がホールディングを設立しました。

メリットは傘下の会社への権限委譲により意思決定が速くなることや、効率的なグループ経営が行えることなどがあげられます。反対に、傘下の会社が不祥事を起こすとホールディング全体の信用が下がることがデメリットといえます。

モビリティ

要約 移動手段に関係するもの

例文 海外では最新の観光用**モビリティ**として、電動のキックボードが注目されているんだって。

移動性を意味するモビリティは、さまざまな分野で使われています。経済用語としては、職業や階層の移動性、移動手段、新しい乗り物を表します。

モビリティサービスといった場合は、自動車による移動や運搬をスムーズに行うためのサービスのことです。近年よく見聞きするようになった電動モビリティは、電動アシスト自動車や電動オートバイ、電動キックボードなど、新しい乗り物の総称です。

また「**ソーシャルモビリティ**が起こっている」といえば、社会階層間の変化を表しています。中所得者層が低所得者層へ移行するのが、その一例です。

なお、スポーツ分野では自分の体を思い通りに動かせる能力を、モビリティと呼んでいます。体のモビリティ（可動性）が高ければ運動能力も高まることから派生した用語です。

リボルビング

要約 定額支払い

例文 後輩の田中は**リボルビング**に追われすぎて自炊を極めたらしいから、今度家に遊びに行こうぜ。

リボルビングは、クレジットカードを使うとよく目にする、リボ払いのリボの部分で、リボルビングローンのことを指します。定額支払いを意味し、クレジットカードの利用額や件数にかかわらず、一定の額や率で毎月支払っていく方法です。

利用者のメリットは、利用金額を分割して支払うため、月々の返済負担が小さくてすむことがあげられます。しかし、デメリットとして、毎月の返済額を少なく設定していると、残高がなかなか減らないうえ、いつの間にか借金をしている意識が薄れ、借入れを増やしてしまうリスクがあります。

なお、リボルビングの直訳は回転するという意味です。リボ払いの実態は借金枠を回して使うことなので、いっそのこと自転車操業と超訳してもよいかもしれません。

ロイヤリティ

要約 権利の使用料

例文 先生、あのキャラクターをうちの会社の広告で使用する場合、**ロイヤリティ**はどれくらいかかるのでしょうか？

英語のロイヤリティ（royalty）は、もともと王族や気高さなどを意味します。ビジネスにおいては、権利に対して支払われる金額を表し、おもに著作権使用料を指します。

たとえばコンビニチェーンの場合、本部と加盟店のあいだでフランチャイズ契約が結ばれます。加盟店は本部が提供するノウハウや商品を利用する見返りとしてロイヤリティを支払います。具体的には、商標・商号権、商品やサービスの販売権などの使用料です。企業がキャラクターを広告で使用する際も、その対価としてロイヤリティが発生します。

よく似た発音をする**ロイヤルティ**（loyalty）は、忠誠を意味し、ビジネスにおいては、消費者がブランドや企業に対してもっている愛着心を表す顧客ロイヤルティ、従業員の帰属意識や愛社精神を表す従業員ロイヤルティなどの言葉として使われます。

ワイズスペンディング

要約 適切な税金の使い道

例文 私たちの税金は、カジノ建設じゃなく、介護施設の誘致に使うなど**ワイズスペンディング**してほしいね。

英語のワイズスペンディング（wise spending）は、賢い支出を意味します。「wise」が賢い、「spending」が支出です。この言葉は、アメリカの経済学者ケインズの理論で広く知られています。ケインズは、不況対策としての財政支出は、将来的に利益・利便性を生み出すと見込まれる事業・分野に対して行うのが望ましいと唱えました。そうすれば失業者が減り、需給の均衡が元に戻ると考えたのです。

このケインズ経済学をもとにした考え方から賢い投資、賢い財政支出という言葉に置き換えられ、政治や経済を語る際に用いられます。日本でこの言葉が広まったのは、２０１７年に小池百合子東京都知事が選挙演説で使ったことがきっかけです。国の予算が経済価値の低い事業に使われていると批判し、ワイズスペンディングに変えるべきと主張しました。

限られた予算を適切な事業に投資すべきという意味です。

また、政治における、お金の使い道と関連する用語として、**スペンディングポリシー**という言葉があります。これは、不況で庶民がお金を使わなくなった場合に、国が財政支出をして景気を浮揚させようとする政策です。

企業においても、無駄づかいをやめ、かけるべきところに資本を投入する意味で、ワイズスペンディングの考え方が広がっています。「財政支出を増やす際は、ワイズスペンディングでなければならない」「財政赤字を拡大する政策は、ワイズスペンディングではない」と切り出せば、周囲の人から政治・経済分野に長けているように見られるかもしれません。

ワンストップ

要約 窓口の一本化

例文 弊社は工場の用地の選定から、設計、施工、教育スタッフの派遣、保守まで**ワンストップ**で提供します。

ワンストップとは、1カ所ですべてのものがそろうことや、すべてが間に合うことを表します。小売業や金融業、サービス業、行政機関などでよく使われています。サービス分野では、**ワンストップサービス**という用語が普及しています。グループ会社の金融会社が複数の支払い請求を一括処理するサービスがそうです。また、新車の登録や車検など複数の役所に出向かなければならなかった手続きを、自宅からインターネットでできるシステムもしかりです。

一方、行政機関では、これまで要件によって複数に分かれていた窓口を、総合窓口1カ所で行えるようにすることを指します。逆の視点からいえば、これまでいかに無駄が多かったのかがわかる用語かもしれません。

3章
仕事がデキるヤツが使っているビジネス用語

CEO《シーイーオー》

要約 「社長」の欧米的な呼び方

例文 うちの会社、親会社の意向で今年から人事制度が変わって、社長が急に**CEO**を名乗り始めたんだよ。

チーフエグゼクティブオフィサー（Chief Executive Officer）の頭文字を取った言葉で、日本では最高経営責任者と訳されています。アメリカの企業マネジメント上の呼称で、日本では会長職や社長職に該当します。

近年、国内でも経営執行者が取締役会の決定に従って業務遂行の責任と権限をもつ執行役員制度を導入する企業が増えてきたため、テレビや新聞でも用いられています。「ファーストリテイリングは、ユニクロの日本事業のＣＥＯに赤井田真希ファーストリテイリンググループ執行役員を抜擢した」といったように、ビジネスシーンでは役員人事などの話で使われています。

ＣＥＯとの違いがイマイチ曖昧な呼称に**COO**があります。これはチーフオペレーティ

いろいろな「CxO」

CAO	**C**hief **A**dministrative **O**fficer	最高総務責任者
CBO	**C**hief **B**randing **O**fficer	最高ブランド責任者
CCO	**C**hief **C**ompliance **O**fficer	最高コンプライアンス責任者
CDO	**C**hief **D**evelopment **O**fficer	最高開発責任者
CEO	**C**hief **E**xecutive **O**fficer	最高経営責任者
CFO	**C**hief **F**inancial **O**fficer	最高財務責任者
CIO	**C**hief **I**nformation **O**fficer	最高情報責任者
CLO	**C**hief **L**egal **O**fficer	最高法務責任者
CMO	**C**hief **M**arketing **O**fficer	最高マーケティング責任者
COO	**C**hief **O**perating **O**fficer	最高執行責任者
CQO	**C**hief **Q**uality **O**fficer	最高品質責任者
CRO	**C**hief **R**isk **O**fficer	最高リスク管理責任者
CSO	**C**hief **S**trategy **O**fficer	最高戦略責任者
CTO	**C**hief **T**echnology **O**fficer	最高技術責任者

ングオフィサー（Chief Operating Officer）の頭文字を取った言葉で、最高執行責任者と訳されています。ＣＯＯは実際に業務を遂行する事業の最高責任者を指します。

このほかにも**CIO**、**CTO**、**CKO**がありますＣＩＯは、チーフインフォメーションオフィサー（Chief Information Officer）の頭文字を取った言葉で、企業の情報システム関連業務の責任者を意味します。ＣＴＯはチーフテクノロジーオフィサー（Chief Technology Officer）の頭文字を取った言葉で、企業の技術関連業務の責任者を、ＣＫＯはチーフノーリッジオフィサー（Chief Knowledge Officer）の頭文字を取った言葉で、企業での**ナレッジ**（蓄積している知見や知識）活用の責任者を指します。

アーカイブ

要約 ひとまとめにして保管すること

例文 10年かけて撮りためた大量の鉄道写真がかさばる。スキャンして**アーカイブ**にしておこうかな。

もともとは公文書や、それを保管する書庫という意味でした。現在使われているアーカイブには、「記録や資料をデジタルデータ化して安全に保存する」と「複数のファイルを圧縮して1つにまとめる」という2つの意味があります。

前者の意味でよく使われるのは、IT業界をはじめ、印刷、出版、音楽、放送、芸術などの分野。紙や布、木など何かに書かれたもの、印刷物やプリント写真、録音した音声や動画のフィルムなどは経年劣化したり、焼失したりします。それを回避するために、貴重な記録や資料をデジタルデータ化して長期間安全に保存・管理するようになりました。「古文書をアーカイブしている」といった場合がこれに該当します。

デジタルデータはコンピュータや**クラウド**（P168）上に保存できるため、ネットワー

クを通じて閲覧できます。こうした特徴から、テレビ局や博物館、美術館、図書館では、歴史的価値の高い文化財や資料、放送番組の閲覧・公開システムのことをアーカイブと称するケースがあります。また、写真投稿ＳＮＳのインスタグラムは、投稿した写真や動画を自分だけが見ることができるよう保存しておける機能をアーカイブと名づけています。

一方、ＩＴ用語では、コンピュータに蓄積された複数のデータを圧縮して１つにまとめる作業を指す場合もあります。上司から「過去の企画書をファイルにまとめてアーカイブしておいて」と頼まれることがあるかもしれないので、データを圧縮ファイル形式で保存する方法を覚えておきましょう。

アサイン

要約 割り当てる

例文 新年度から挑む新規プロジェクトのリーダーには、過去のリーダー経験者を**アサイン**するつもりだ。

ビジネス分野で使われるアサインは、一般的に上司から部下に向けて発せられます。上司が部下の任命や配属を発表するときです。

「近藤君を次の営業課長にアサインする」といえば、営業課長に任命するという意味。「山本さんを広報部にアサインする」といった場合は、広報部に配属させるという意味になり、任命された側からすれば「アサインされた」という表現になります。

一方、ホテルや旅行業界で用いられるルームアサインは部屋割り、シートアサインは飛行機や列車などの座席の割り当てのことです。転職分野で登場するアサインは採用や選出の意味で使われます。「システムプログラマーをアサインしたい」といえば、システムプログラマーを選出してほしいという要望だと理解しましょう。

アテンド

要約 世話をする／案内する

例文 来週末、取引先のD社の大野会長を箱根に**アテンド**するんだよ。準備万端だけど、緊張するなあ。

ビジネスシーンでは、さまざまな場面で使われるアテンド。たとえば「得意先をアテンドする」といえば、接待することを意味します。

テーマパークや空港などで行きたい場所の位置がわからず受付で尋ねた際、「私が目的地までアテンドします」と声をかけてくれることがあります。この場合のアテンドは案内するという意味になり、担当者は**アテンダント**と呼ばれています。また、ツアーコンダクターが「団体客をアテンドする」といえば、団体客と同行することを指します。

介護分野で働く介護アテンドサービス士は、病人や寝たきりの高齢者、認知症の高齢者などに付き添い、食事の介助や着替えの手伝い、トイレへの介助といった介護を行う職務の人のことです。どのアテンドも対人**スキル**が欠かせない仕事といえます。

イシュー

要約　課題点／定期刊行物

例文　商品企画会議の前に、我が社は顧客に商品を通じて何を提供したいのかという**イシュー**を明確にしておきましょう。

課題や問題点を意味し、「イシューを確認する」「イシューを特定する」といった使われ方がされています。どちらも、解決すべき問題点を整理するという意味合いになります。

類似語の**プロブレム**も問題を意味しますが、ニュアンスは異なります。イシューが未来に向けた長期的な課題を対象としているのに対し、プロブレムは身近に迫った問題を対象としており、至急改善や対策を講じなくてはいけない問題を指します。

マスコミ業界では、イシューは発行、雑誌や新聞などの定期刊行物という意味で使われています。

なお、「イシューを確認する」と聞いて、異臭さわぎと勘違いしないように気をつけてください。

インセンティブ

要約 やる気にさせるご褒美

例文 あいつの会社、営業成績優秀者には**インセンティブ**が出るようになったそうだ。うらやましいなあ。

インセンティブは、目標を達成するための刺激を意味します。簡単にいえば、人のやる気を引き出すためのご褒美です。経営の分野では、ボーナスや報奨金などの報奨制度をインセンティブと呼びます。

野球やサッカーなどのプロスポーツチームと選手が、基本年俸にプラスして出場機会や成績に応じてボーナスを支払う契約を結んだ場合、出来高払いによるボーナスがインセンティブとなります。マーケティングの分野では、販売促進の一環としてプレゼントキャンペーンが実施されます。こうした消費者の購買心への与える刺激がインセンティブです。

たとえば、クレジットカードを使うとついてくるポイントを得るために、頻繁にカード決済をする人がいれば、カード会社にとっては理想的な顧客といえるでしょう。

オーガナイズ

要約 準備する

例文 次の展示会は来場者に満足度調査を実施するらしいから、著名人に**オーガナイズ**してもらおう。

オーガナイズは、組織する、設立する、（企画や催しを）計画することなどを指し、「展覧会をオーガナイズする」という動詞として用いられます。その対象は多岐にわたるため、使われる場面や前後の文脈に応じて意味を考えなければいけません。

ビジネスシーンでは、準備や見直しの意味で用いられています。上司から「会議の資料をオーガナイズしておいて」と命じられたら、資料を準備しておけという意味です。「広告予算をオーガナイズしてみよう」といった場合は、広告予算を見直すことを指します。

名詞の**オーガナイザー**はイベントの主催者、まとめ役のことで、**オーガニゼーション**は組織や機構を指します。また、コミュニティオーガニゼーションは、住民が主体となって地域を組織化する活動のことをいいます。

オーソライズ

要約 承認／権威づけ

例文 プロポーズは完璧に成功したが、じつはまだ相手の両親の**オーソライズ**は得ていないんだよなあ。

ビジネスでは、何かをオーソライズしたり、誰かからオーソライズを得たりする機会がよくあります。オーソライズは、公認する、権威を与えるなどの意味です。

たとえば「この企画は部長からオーソライズを得ている」といえば、上司の承認を得ていることを表します。また、「技術大賞を受賞して業界でオーソライズされた」といった場合は、受賞によって業界で権威づけられたという意味になります。

オーソリティは、ある分野での第一人者（権威）のこと。「渡辺教授は日本の脳科学のオーソリティ」といった使い方がされています。そのため、自社開発の自信の商品を業界のオーソリティにオーソライズしてもらえば、鬼に金棒も同然。「実績ナンバーワンの田中先生が認めた商品」とうたって売り出すことができます。

オポチュニティ

要約 勝ち取ったチャンス

例文 Y社との長期契約、おめでとう。ふだんの営業努力によってつかんだ**オポチュニティ**を生かした結果だね。

営業や取引の機会や好機を意味するオポチュニティ。「商品説明のオポチュニティを得る」といえば、商品を説明する好機を得たことになります。この好機は偶然めぐってきたのではなく、狙っていた機会の意味合いで使われます。

経済学の分野で登場するオポチュニティコストは、複数ある選択肢の中からあるものを選んだために逃した利益のこと、オポチュニティロスは選ばなかったことによる損失を意味します。前者は機会費用、後者は機会損失と呼ばれています。

たとえば、K社の株を買っていれば株価の上昇により10万円の配当があったのに、Y社の株を買ったばかりに無配当になったとします。この場合、Y社株の購入は10万円のオポチュニティコストを発生させたことになります。

オミット

要約 除外する

例文 理由はわからないけど、次回のプロジェクトメンバーから**オミット**された。ショックが大きいよ。

ビジネスにおいて、オミットするのも、されるのも気が重いという人は多いのではないでしょうか。オミットは、除外する、却下する、省くのほか、スポーツ分野では反則行為などにより失格することを表します。

除外や却下といった表現は直接的で相手に与えるダメージが大きいため、日本語ではないオミットを使うこともあります。オミットの対象となるのは、人や予算、工程、企画案など多岐にわたります。「オレの企画案は部長によってオミットされた」といえば、企画案が部長にボツにされたということです。

対義語は**コミット**（Ｐ１１５）で、参加するという意味になります。聞き間違いに注意しましょう。

オンデマンド

要約 要求に応じてサービスを提供

例文 **オンデマンド**動画配信は、サーバに動画ファイルがアップされているから、いつでも好きな動画を楽しめるのね。

需要や要求を意味するデマンドにオンがつくと、需要に応じて、という意味になります。つまりオンデマンドとは、利用者の要求に応じてサービスを提供することです。おもにＩＴ業界や放送業界、印刷業界、教育業界で使われています。

オンデマンド印刷は、必要なときに必要な部数だけ印刷すること。デジタルデータを直接印刷するので小量に対応でき、短時間でしあがるのが魅力です。オンデマンド動画配信は、視聴者の要求に応じて動画を配信する形式の動画配信。利用料を支払うことで希望する番組をいつでも視聴できるＮＨＫオンデマンドは、その代表的なサービスです。

一方、新型コロナウイルス感染症の流行を機に定着したのが、インターネットを介したオンデマンド授業です。将来は選挙の投票もオンデマンドになるかもしれません。

カンファレンス

要約 大規模な会議

例文 明日、新規事業の展開に向けて親会社や協力会社と合同の**カンファレンス**が開かれる予定だ。

会議を意味する言葉で、医療や介護の現場のほか、学術研究分野で使われています。

ケアカンファレンスといった場合は、看護師や介護士などのスタッフが集まり、よりよいケアサービスを行うために開かれる会議のこと。略してケアカンともいいます。チームカンファレンスは、主治医や看護師、薬剤師、理学療法士、管理栄養士などの医療スタッフが1つのチームをつくり、治療の方向性について話し合う会議です。一方、学術学会では、同じ分野の研究者が集まって開かれる会合をカンファレンスと呼んでいます。

ビジネスシーンでは、経営カンファレンスやITカンファレンスといったように目的に応じて組み合わせて使われています。ミーティングが少人数で行われる会議を指すのに対し、カンファレンスは大規模な会議や公式の会合、催しを指します。

コアコンピタンス

要約 他社がまねできない強み

例文 産業用水素製造に関する特許技術と国内トップのシェアが、弊社の**コアコンピタンス**です。

どの企業もこれをもつことに総力を注いでいます。これがあれば、売上げやシェア、優秀な人材の確保などが期待できるからです。

コアは中核の、コンピタンスは能力や資産という意味。コアコンピタンスは、競合他社に負けない自社独自のビジネスの強みを指します。競合他社に対して圧倒的に優位にある事業分野や、他社がまねできない独自技術、ノウハウなどが該当します。ただし一度確立したら未来永劫その効力を発揮するわけではないため、「コアコンピタンスを見直そう」「新たなコアコンピタンスを確立しよう」といった社員の意見は大事にしましょう。

類似語の**コンピテンシー**は、仕事で高い業績を発揮する人の行動特性のこと。ビジネスでは、コンピタンスとコンピテンシーの両方を身につけたいものです。

コミット

要約 約束する／関わる

例文 ユーザーとの信頼関係を築きたいなら、まず実績に**コミット**すると宣言しておくべきだよね。

約束や責任、委託などを意味する英語の**コミットメント**（commitment）の動詞形がコミット（commit）です。一般的には、（責任を負って）約束（確約）するという意味で使われています。

この用語が普及するきっかけとなったのは、某トレーニングジムのCMです。「結果にコミット」というキャッチコピーは、（結果に）責任をもつというニュアンスで使われ、ビジネスにおいても経営者から一般社員まで広く使われるようになりました。

コミットには関係する、参加するという意味もあります。たとえば「今後、介護事業にコミットする」といった場合は、介護事業を約束することではなく、介護事業に関わるという意味になります。

コンセンサス

要約 みんなの合意

例文 その条件につきましては、私の一存では決められません。社に持ち帰り、**コンセンサス**を取ってまいります。

ビジネスシーンで頻繁に登場するコンセンサスとは、複数の人による合意のことです。「コンセンサスを得る」といえば、目的となる人やグループについて、あることがらの合意や了解を取りつけることを指します。「事業拡大は、経営陣全体のコンセンサスを得ている」といった場合がそうです。

注意したいのは、上司から「次の会議では、私が事業撤退の話をするから、村上部長のコンセンサスを取っておいて」と命じられたときです。この場合のコンセンサスには、「根回しする」の意味合いが含まれます。つまり全員の合意ではなく、事前に話を伝えて了解を得ておくという意味になります。会議を円滑に進めるために必要な意見調整と解釈しましょう。

シナジー

要約 相乗効果

例文 大型書店と人気コーヒーチェーンの共同出店には、大きな**シナジー**効果が期待できるそうだ。

コンビニの店内に銀行のATM（現金自動預払機）が設置されるようになったのは、1990年代末のことです。コンビニはATMを設置したことで銀行目当ての来店数が増え、それにともなう売上げ向上が見込めるようになりました。銀行は支店の経費を安く抑えられるうえに、顧客サービスの向上や新規顧客の獲得が期待できるようになりました。

このように2つ以上のものが互いに影響を及ぼし、利益が生み出されることをシナジー、その相乗効果をシナジー効果といいます。「M&A（合併買収）によるシナジー効果」といえば、2つの企業が統合することで生じるプラスの効果を指します。

なお、シナジーは人に対しては使われません。したがって「あの2人が結婚すれば、シナジー効果が期待できる」という表現は間違いです。

スキーム

要約 より具体的な計画・しくみ

例文 上司との雑談のなかで思いついたことを事業改善**スキーム**として提出したら、すごくほめられたよ。

政治や行政、ビジネスの場で頻出する言葉です。スキームには、計画としくみという2つの意味があります。

計画の意味で使う場合は、類似語のプランが単なる計画を指すのに対し、スキームはより具体的な行動計画を示します。政治や行政の分野では、政策の基本計画や基本構想を表し、「行政改革のスキームをまとめる」のように使われます。

ビジネス分野では、事業計画や事業のしくみを事業スキームまたは、ビジネススキームと呼んでいます。課金スキームという場合は課金の計画でなく、事業のサービス利用者から料金を徴収するしくみを指します。なお、英語では陰謀を意味することもあり、悪いイメージで使われるケースがあります。

スペック

要約 性能

例文 車選びは見た目も大事だがお金もかかる。燃費や保険料なども考えて**スペック**を比較しないとね。

スペックは工業製品の仕様書を意味するスペシフィケーション（specification）を略した言葉です。速度や容量、防水など工業製品の性能を指すほか、人間の能力や優れた特徴といった意味でも使われています。

運動や学習などの能力、学歴や経歴、身長や顔つきなどの容姿、資格、収入、趣味など、人物を特徴づける要素に着目した場合は、「スペックが高い」や「ハイスペックの新人」などのいい方で用いられます。

類似語には、人の技能や技術を表す**スキル**、成果や実績を意味する**パフォーマンス**、器量を指す**キャパシティ**があります。対象や状況に応じて使い分けて、あなたのスペックを高めましょう。

セグメント

要約 区分けしたもの

例文 顧客の消費行動を「既婚」「未婚」、「家族同居」「ひとり暮らし」などで**セグメント**して分析してみました。

企業のマーケティング活動に欠かせない基礎的な用語です。セグメントは、年齢や性別、職業、収入などの要素で分けられた消費者の区分を意味します。

たとえば年齢であれば、子ども、若者、中高年、高齢者といった区分に分けられ、それぞれがセグメントになります。また、資産別にみた場合、超富裕層、富裕層、準富裕層、アッパーマス層、マス層といった区分がセグメントとなります。このように、人の集団をいくつかの区分に分けることを**セグメンテーション**といいます。

ちなみに、かつて流行った携帯電話テレビ放送サービス・ワンセグのセグはセグメントの略です。日本の地上デジタル放送方式は、チャンネルが13の区画（セグメント）に分割されており、そのうち1つを利用しているという意味でこう呼ばれています。

ソリューション

要約 解決手段

例文 弊社の新システムは、災害も含むさまざま事態への**ソリューション**が充実し、自信をもっておすすめします。

ビジネスソリューションやソリューションサービス、ITソリューションなど、ビジネスシーンには、ソリューションに関連する用語があふれています。ソリューションとは、解決手段や解決策のこと。IT分野や経営分野で日常的に使われています。

システムソリーションといえば、システム構築によって経営上の問題を解決していくことです。ソリューションプロバイダーは、コンピュータシステムの構築などの業務を請け負う業者を指します。

また、顧客が抱える問題の解決法を提案し、それを実現するような商品やサービスを提供する手法をソリューション型営業といいます。担当者が「何かお困りごとはありませんか？」と聞いてくるのは、何をソリューションとすればよいのかを探っているわけです。

デファクトスタンダード

要約 事実上の標準となった製品・規格

例文 麦茶や炭酸などいろいろ試したが、我が家では最終的に緑茶が**デファクトスタンダード**になった。

事実上を意味するラテン語のデファクト（de facto）と、標準を意味する英語のスタンダード（standard）と組み合わせた用語。デファクトスタンダードとは、規格制定機関による公的な標準ではなく、市場競争に勝利した結果、標準とみなされるようになった製品や規格を指します。事実上の標準や業界標準といい換えることができます。

そのわかりやすい例が、マイクロソフト製の文書制作ソフトであるワードと表計算ソフトのエクセルです。どちらも世界中のさまざまなメーカーのパソコンに搭載できる標準ソフトであり、実際に多くの人が使っています。

デファクトスタンダードをめぐる競争といえば、デジタルカメラの記録媒体の例がありま す。デジカメが市場に出はじめた２０００年初頭には、マルチメディアカードやメモリース

QWERTY 配列

VHS / DVD / CD / Blu-ray

Bluetooth

USB / SD

ティック、コンパクトフラッシュ、スマートメディアなど、さまざまな規格のメモリーカードが販売されました。これらのうち業界のデファクトスタンダードとなったのは、SDメモリーカードでした。

デファクトスタンダードを得るメリットには、市場の動向に左右されることなく利益をあげられるようになることや、場合によっては特許使用料が得られることがあります。「デファクトスタンダードになる製品をつくり、市場競争に勝ちたい」といったように使われます。

対義語の**デジュールスタンダード**は、法律上の標準という意味です。**JIS**（日本産業規格）や**ISO**（国際標準化機構）などの公的機関が、お墨つきを与えた製品や規格を指します。

トレードオフ

要約 一方を取ると他方を失う

例文 自然環境保全とリゾート開発は**トレードオフ**の関係にあるため、弊社は環境を守る開発を模索中です。

日本語には、トレードオフをわかりやすく説明する慣用句があります。それは「あちらを立ててればこちらが立たぬ」です。たとえば、商品に機能や素材などクオリティの高さを追求すれば高額になり、安さを重視すればクオリティは低下していきます。このように一方を取ると他方を失う、両立しえない関係をトレードオフといいます。

経済学では、失業率が低いほど物価上昇率は高く、失業率が高いほど物価上昇率は低いという現象が証明されており、物価安定と完全雇用はトレードオフの関係となります。需要と在庫の関係もそうです。需要があれば、販売機会を逃さないため在庫を増やします。しかし過剰に在庫を抱えると倉庫の賃料や棚卸しの人件費がかかり、利益は減ります。

このようにビジネスは、あちらを立ててればこちらが立たぬことが多くあるのです。

ニューノーマル

要約　新しい日常

例文　テレワークが**ニューノーマル**として定着したので、たまに出社して直接話をするのが新鮮に感じられるな。

新型コロナウイルス感染症の流行を機に一気に浸透したニューノーマルは、新しい生活様式という意味で使われる言葉です。新しい言葉のように聞こえますが、海外では2003年ごろにアメリカで起こった、ITバブルの崩壊後に使われ始めたといわれています。

ニューノーマルとなった例としては、マスクの着用や**ソーシャルディスタンス**（P33）の確保、日常的な消毒・検温などです。

ビジネス面では、介護や保育など人と接する**エッセンシャルワーカー**（P75）や、対面でなければ成り立たない飲食業などを除き、多くの業務が対面から非接触へ、オフラインからオンラインへと切り替えられ、**テレワーク**が定着しました。なお、テレワークと**リモートワーク**はほぼ同じ意味で、離れた場所で働くことを指します。

バジェット

要約 予算／低価格の

例文 鈴木課長から海外視察の**バジェット**を提出するようにいわれたので、まずは航空料金を調べています。

会議や商談でよく登場するバジェットは、予算や予算案、経費を指します。「バジェットが決定した」といえば、予算が決定したという意味になります。

アメリカの映画業界では、製作費が1億ドル（約112～115億円）を上まわる大規模予算の映画を**ビッグバジェット**、2000万ドル（約23億円）前後の低予算作品を**ローバジェット**といいます。アメリカからすれば、日本の映画はほとんどがローバジェットとなります。

一方、形容詞として使う場合は、低価格のという意味になります。バジェットホテルは低価格のホテル、バジェットエアラインは低価格航空会社を指します。後者は、日本では**ローコストキャリア（LCC）**と呼ばれています。

フィー

要約 報酬

例文 得意先から「素晴らしいアイデアを提案してもらった」とほめてもらったが、**フィー**は少なかった。

フィーは料金や手数料、報酬を意味し、弁護士やコンサルタントなどの専門職のほか、広告業界で日常的に使われています。マネジメントフィーはコンサルタントや管理会社に支払う報酬、**インセンティブ**（P107）フィーはそれに上乗せして払う報奨金を指します。

広告業界では、広告会社が事前に定めた条件で広告主に請求する報酬を意味します。市場調査、デザイン、コピーなど、項目ごとに報酬として支払う方式をフィー制といい、取引額に対する一定の掛け率で決まる**コミッション**制と区別して使っています。

類似語の**ギャランティー**は保証金や契約金、出演料を指します。**マージン**（P140）は販売価格から仕入原価を差し引いたものです。これらのお金を少しでも多く獲得したり、できるかぎり少なく支払ったりするのがビジネスの醍醐味といえるかもしれません。

フィードバック

要約 意見や評価を伝えること

例文 今回出した提案書の件、上司からの**フィードバック**が思ったより早かったので、やることが増えちゃったよ。

食べ物を与えるという意味から転じ、電気回路において出力に応じて入力を変化させることを意味する用語として普及したフィードバック。ビジネスシーンでは、意見や結果、評価などの情報を関係者に戻し、軌道修正に反映させることを指します。

フィードバックは、本社と支店や支社、経営陣と社員や各部署、上司と部下などのあいだで行われています。「返品やクレームの多さを経営陣にフィードバックする」といえば、悪い情報を経営陣に伝え、改善に役立ててもらうことを表しています。

よい結果にも使われます。販売の好調さを営業と製造部門にフィードバックすることで、他部署のモチベーションの向上につながります。なお、出版業界でもっともうれしいのは書店店員さんの「この本、売れていますよ」というフィードバックです。

フィックス

要約 決定する

例文 うちの会社は役員が多いし、そもそも会議が長いからささいな計画もなかなか**フィックス**しないんだ。

ビジネスの場では、日時や場所、企画案などが確定したり、最終決定したりした際に使われています。「スケジュールをフィックスする」といえば、スケジュールを確定すること。「予算がフィックスした」といえば、予算が最終決定したという意味です。

ＩＴ分野では、修正の意味で用いられています。**バグフィックス**といえば、プログラムの不具合や誤動作などからその原因（バグ）を見つけだし、修正することです。

映像分野ではカメラを固定して映像を撮る手法を、建築分野では開閉できないように固定した窓を指します。このようにフィックスは固定という意味でも用いられています。

このようにフィックスは分野や状況に応じて意味合いが変わります。そのため、１つの意味にフィックス（固定）できない用語といえるでしょう。

フェーズ

要約 段階

例文
太陽光発電プロジェクトは、建設地の賃貸契約と銀行の融資が決まったので、これから次の**フェーズ**に入ります。

建設やシステム開発などのプロジェクトには、多くの人が長期間携わります。そこで、プロジェクトの管理者は仕事に携わる全員が進捗状況や工程がわかるよう、期間や規模で作業の単位を区切り、短期、中期、長期的な目標を定めます。フェーズは、こうした変化していく仕事の段階や局面を表す用語です。

医療現場でも用いられています。インフルエンザや新型コロナウイルス感染症に関して、「次のフェーズに備えて病床を確保した」といった使い方がされています。この場合のフェーズは、感染症の流行の段階という意味に加え、流行の程度という意味合いを含みます。類似語のステージとステップも段階を指します。場合によっては、**プロセス**（手順）、**フロー**（工程）、**ターム**（期間）などの言葉に置き換えることもできます。

プライオリティ

要約 優先順位

例文 いまは来週の企画案提出より、トラブル処理のほうが、**プライオリティ**が高いので、君も手伝ってくれないか。

上司から「プライオリティの高い問題から解決していこう」「それはプライオリティが低いから、あとまわしにして」といった言葉をかけられた経験のある人は少なくないでしょう。ビジネスシーンで使われるプライオリティは、仕事の優先順位や優先事項を表します。「プライオリティが高い」は、優先順位の高いことを指します。

このほかに、より優位な条件を提示している取引先のことを「プライオリティが高いクライアント」と表現することもあります。また、優先権という意味で「交渉のプライオリティは弊社にある」といった使い方もできます。

このほか、レストランなどの事前予約をプライオリティシーティング、電車の優先席はプライオリティシートと呼ばれます。

ブラッシュアップ

要約 さらによくする／磨きをかける

例文 あいつの着眼点や発想はよいけど、細部が雑すぎるので、この企画案は**ブラッシュアップ**する必要があるな。

企画会議や企画書の提出、プレゼンの際に、上司や得意先から「もっとブラッシュアップしてください」といわれたら、努力賞をもらったようなものかもしれません。ブラッシュアップを直訳すると、ブラシをかけて磨きあげるという意味になります。これが身なりを整えるに転じ、ビジネスシーンでは、さらによいものにするという意味で使われます。

企画案や契約書、マニュアル、報告書などの資料に対しても使われます。また、能力や技術など、いまある力を磨いて伸ばすという意味合いでも使われます。「英語力をブラッシュアップする」といった場合がそうです。

なお、英語のブラッシュアップには、洗練させるという意味もあり、この場合の類似語にはリファイン（refine）という言葉があります。

ブルーオーシャン

要約 競争相手が少ない未開拓な市場

例文 わが社は他社に追随しない。顧客の動向をより細かく分析して**ブルーオーシャン**を開拓していくのだ！

フランスの欧州経営大学院教授W・チャン・キムとレネ・モボルニュの共著『ブルーオーシャン戦略』（2005年刊行）で紹介され、経営分野で使われるようになった考え方です。同著は市場を2つの海の色にたとえました。ブルーオーシャンは、新たに開拓される市場で競争相手がおらず、高成長・高収益が期待できると説かれ、未開拓市場を意味します。

その対極にあるのが、**レッドオーシャン**で、競合企業との競争によって血塗られた既存市場を指します。成熟市場なので成長は見込めず、売上げも期待できません。

このように用語の意味を知るとブルーオーシャンは魅力的に見えます。その一方で「レッドオーションで生き残る」という戦略を説くコンサルタントも少なくありません。どちらの色の海で事業を展開するか、経営者の意思決定にかかっています。

ブレスト

要約 自由にアイデアを出しあうこと

例文 今日の**ブレスト**は質より量を重視するので、思いついたアイデアをどんどん出してください。

ブレストはブレーンストーミングを略した言葉です。ブレーンは頭脳、ストーミングは嵐を意味します。直訳すると、頭の中に嵐を起こすという意味合いになります。

ビジネスシーンで使われているブレストは、参加者が自由に意見を出しあうことによって、新しいアイデアや解決策を出していく手法を指します。従来の会議と異なり、既存概念や先入観にとらわれない、奇抜な考え方や斬新なアイデアを歓迎し、それを合体したり、変更したりして**ブラッシュアップ**（P132）していくのが特徴です。「新商品のアイデアはブレストで出していく」のような使い方がされています。

なお、胸も英語でブレスト（breast）といい、平泳ぎもブレストストロークの略で、ブレストといいます。どちらも、ブレーンストーミングとは無縁の言葉です。

プロトタイプ

要約 試作品

例文 **プロトタイプ**の段階で高評価を得たので、このまま製品化まで一気にこぎつけられそうだな。

製造業やIT業界、ゲーム業界でよく使われる用語です。プロトタイプは、実験的に少数だけつくられた試作品や試作機を指すほか、原型や見本という意味でも使われます。

ソフトやウェブシステムの開発では、動作や機能を検証したり、デモンストレーションしたりするために試作モデルをつくります。これをプロトタイプと呼んでいます。

自動車業界や鉄道業界では、各種性能を確認する目的でプロトタイプがつくられ、試運転をしてから新型車や車両を量産します。自動車の場合、速度記録試験車のように宣伝目的で公開される車種もあります。

意外なところでは玩具業界。鉄道模型や兵器模型の製作の参考にした実物をプロトタイプと呼んでいます。この場合は、模型の原型や見本という意味になります。

プロパー

要約 生え抜き社員・正社員／専門家

例文 うちの会社は**プロパー**でないと役員になれない。あなたも私も中途入社だから部長止まりですよ。

英語のプロパー（proper）は正確な、または最適なを意味します。ところが、ビジネスで使われる際には異なる意味を表します。

いわゆる職場言葉として使われているプロパーもしくはプロパー社員には、新卒で入社した生え抜きの社員と、出向社員や契約社員ではない正社員という2つの意味があります。また、専門的な知識や経験をもつ人という意味でも使われています。「医療のプロパーを探してチェックしてもらおう」といわれれば、医師や医学博士などを見つけてくる必要があります。

流通業界では、卸売業者から小売業者に卸される正規商品をプロパー商品、アパレル業界では定価をプロパー価格といいます。

ペンディング

要約 保留

例文 今回の契約は、先方の見積もりに大きな誤りがあったため、いったん**ペンディング**にします。

「この件は保留にします」「契約は先送りにします」はマイナスな印象を与えてしまう可能性があるため、あえて「いったんペンディングします」といい換えることがあります。

ペンディングは、もともと未決定や宙ぶらりんなどを意味し、「はい」か「いいえ」と決定できず、しばらく曖昧にしておきたいときに使いやすい言葉ですが、最終的に回答は必要になります。

たとえ中止になる見込みでも、ペンディングという言葉でワンクッション置いた場合、中止決定の返事はできるだけ早いほうが望ましいもの。「いずれ中止になるだろう」と覚悟している人なら問題ありません。反対に契約や採用を確信して待っている人にとっては失望が大きく、見切り発車で相手がすでに準備に入っている場合は、迷惑をかけてしまいます。

ボトムアップ

要約 現場から提案し、経営陣が意思決定する

例文 2社から内定をもらったんだけど、会社案内に**ボトムアップ**型経営と書いてあるA社に入ることにしたよ。

英語で底を意味するボトム（bottom）と、上にあがるを意味するアップ（up）を合わせた言葉です。ビジネスの場で使われるボトムアップは、現場から生まれるアイデアや提案を経営層が吸いあげることで意思決定をする方式のことをいいます。たとえば男性の育児休暇を認めてもらえるよう、社員の総意として社長にかけあい、制度化された場合、ボトムアップの成果といえるでしょう。

対義語となる**トップダウン**は、企業のトップが決めたことを現場の社員に向けて指示し、社員はそれに従って動く意思決定の方法です。こうした旧態依然の会社経営のスタイルには批判が多い反面、「トップダウンの会社は、よくも悪くも意思決定が速いため、社運を分ける判断もスピーディに下部社員にまで反映される」といった利点もあります。

ボトルネック

要約 うまくいかない要因

例文 直営店の不振が会社全体の売上げの**ボトルネック**になっているので、これから各店長と面談をします。

ボトルネックは、首の部分が細くなっている瓶の形に由来します。ビジネスの場では、全体の円滑な進行の妨げとなるような要素を指します。つまり、うまくいかない要因です。製造やＩＴ、人事など幅広い分野で使われています。

工場の生産管理の場では、生産性が落ちる場所や工程をボトルネックと呼んでいます。

ＩＴ分野では、インターネットの速度低下の原因となっている機器や、システムの処理速度を落としている部分を指します。「ウェブシステムのボトルネックを解消するもっとも単純な方法は、サーバ機の性能をあげてしまうことだ」といった使い方がその一例です。

なお「わが社のボトルネックは、高給なのに労働生産性の低い社員だ」といった場合のボトルネックは、足を引っ張る社員といい換えることができます。

マージン

要約 原価と売値との差額／手数料

例文 100均ショップは、仕入れ価格にいったいどれくらいの**マージン**をのせて売価を決定しているのだろうか？

契約やお金のやりとりで登場する用語のマージンとは、売買によって生じる差額利益のこと。わかりやすくいえば、販売価格から仕入原価（製造原価）を差し引いた利益です。

また、販売や委託に対する手数料もマージンと呼ばれ、「委託販売のマージンは定価の20％です」のように使われます。

一方、株式取引の分野では、委託保証金や証拠金をマージンと呼んでいます。信用取引に際し、証券会社が顧客に株や資金を貸す保証として預かるお金のことです。マージンコールといえば、金融機関が投資家に不足の証拠金を求めることを指します。

なお、印刷やデザイン分野では、ページの周囲の余白をマージンと呼びます。そのため、「マージンを調整中です」と聞いてもお金の話ではないと理解してください。

マター

要約 担当

例文 今回の新規開発プロジェクトは企画部**マター**だけど、製造部と営業部の主要メンバーも企画会議に参加しますね。

英語のマター（matter）には多くの意味があり、物質や事態、問題を指します。日本のビジネスシーンでは、担当という意味でよく使われます。

プロジェクトの担当者、担当部署、担当会社などを表す際に、氏名＋マター・役職名＋マター・部署名＋マターの形で使用されます。「会議の連絡は小林課長マター」「歓送迎会の仕切りは総務部マター」「次回の異業種交流会の幹事はY社マター」といった表現がそれです。ただ担当というだけでなく、〜に責任がある、〜に決定権がある、〜の管轄だ、〜の問題だというニュアンスも含まれています。

なお、**ダークマター**は、宇宙にあるのではないかと考えられている、正体不明の物質を指す天文学用語です。日本では暗黒担当でなく暗黒物質と訳されています。

マネタイズ

要約 収益につなげること

例文 B社の新サービスが**マネタイズ**されたら、うちの会社も同じような事業を始めるんじゃないかな。

ビジネスに関わる人に欠かせないキーワードとなっているマネタイズ。英語では貨幣を鋳造する、または換金するという意味ですが、ビジネスシーンでは、収益化することを意味します。事業を立ち上げるときには、マネタイズできるかどうかが重要です。

無料で閲覧できるSNSに広告を掲載して収入を得るインスタグラムやユーチューブが、マネタイズの例です。無料サービスに付加価値をつけて課金を促す**オンラインサロン**（P27）や、契約成立の際に不動産会社から仲介料を得る不動産情報サイトも同様です。

これからビジネスを始めようと考えている人は、「そのアイデアをマネタイズすることは簡単ではない」と知人から指摘されるかもしれません。そのときは、「**ブルーオーシャン**（P133）でマネタイズ化を実現する」と宣言してみましょう。

リコメンド

要約 おすすめ

例文 この美容情報サイトは、私の肌に合ったスキンケア商品を**リコメンド**してくれるので、つい購入してしまう。

リコメンドはレコメンドともいい、推薦やおすすめを指します。ビジネスシーンでは、店や企業側が顧客に対して商品をすすめる際に使われています。その場所はインターネット上です。

EC（P153）サイト（オンラインストア）では、利用者の購入履歴や閲覧履歴を**アルゴリズム**（P159）解析し、サイトの各ページに設けた商品をすすめる機能をリコメンドと呼んでいます。**リコメンドエンジン**は、サイト上で顧客の行動を分析し、それぞれの顧客に合った商品やサービスなどの提案を自動で行うシステムを指します。

居酒屋で「店長の今日のおすすめは何ですか？」と聞くとき、少し気取って「店長のリコメンドは何ですか？」といえば通っぽく思われるかもしれません。

リファレンス

要約 参照

例文 コンピュータにうとい私に、わかりやすい**リファレンス**マニュアルを作成してくれて感謝します。

参照、照会、参考文献、図書館での参考資料調査業務など、複数の意味をもつリファレンスは、おもに調べものをするときに使われます。役所などにある、資料の検索や提供を行う窓口がリファレンスカウンターと呼ばれることもあります。また、人事部が中途採用をする際、その人の前職での仕事ぶりや人柄を調べる経歴照会を、**リファレンスチェック**といいます。「リファレンスを取る」といえば経歴を参照するという意味になります。

航空業界では航空券の予約番号をリファレンスナンバーと呼びます。

ＩＴ分野では、いたるところに登場します。たとえばソフトの仕様書をリファレンスマニュアル、データ解析の際の参照データをリファレンスデータ、ソフトのプログラミング言語で書かれたプログラムをリファレンスコードと呼んでいます。

リマインド

要約 再確認する

例文 おい、営業部のメンバーがいないぞ。今日は合同ミーティングがあるって**リマインド**しておいたか？

得意先との商談、社内の大事な会議などの日時を忘れるのは、ビジネスではタブーです。そんな事態にならないよう、事前に関係者へ「明日の面談の場所は第1会議室、時間は13時です」といった電話やメールを送ります。この再確認をリマインドといいます。

リマインドメールといえば、会議や面談などの予定を思い出してもらうために再度メールを送ることを指します。会議の参加の返事をよこさない人に対しては、「参加か不参加か、早く返事をしてよ」という催促の連絡となるでしょう。

名詞の**リマインダー**は、スケジュールや約束事などを思い出させるものを指します。スマホに備わっているリマインダーは、大事な予定を直前に通知してくれる機能なので、物忘れが気になる人はぜひ活用してください。

レギュレーション

要約 規則

例文 社内向けの提案書の**レギュレーション**が、これほど細かいものだとは思いませんでしたよ。

規則を意味するレギュレーションは、一般的な会社では社内規定や就業規則を指します。また、業界や分野によっては専門用語としても使われます。たとえばＩＴや広告分野では、インターネット広告の媒体ごとの入稿規定を指します。ブランドロゴやバナーの色、データ量、禁止ワードなど細かな仕様や規定があります。

一方、建築業界では、行政や地域ごとの安全基準、高さ制限、建物の色など、建築や設計に関する規定をレギュレーションと呼んでいます。このほか、アミューズメント施設では、ゲームの遊び方、施設の利用規約を指します。

一般的によく使われるルールも決まりごとを記していますが、レギュレーションのほうがより厳格で、違反した場合は罰則や罰金が科せられることもあります。

レディメイド

要約 既製品

例文 大量生産の**レディメイド**だと、気に入ったデザインと自分の体型に合った洋服が必ずあるよね。

この用語を見て女性のメイドと思った人がいるかもしれません。レディメイドのレディは女性を表す「lady」でなく、準備を意味する「ready」。メイドは女中や家政婦を表す「maid」ではなく、つくるを意味する「made」です。

レディメイドは、既製品や既製服のこと。すでに大量生産した製品として完成しており、サイズや色は決まっています。見方を変えれば、世の中にあふれているもののほとんどが該当します。大量生産のおかげで低価格の販売ができている商品も少なくありません。

対義語の**オーダーメイド**は、自分の好みのデザインや大きさ、色など、ゼロから考えてつくることができる受注生産品です。レディメイドとオーダーメイドの中間に位置するのが、既存の商品に手を加えて、好みのものにつくりかえる**カスタマイズ**です。

ローンチ

要約 立ちあげること

例文 B社がC社と組んで開発していた新サービスは、3年以上かかってようやく**ローンチ**したらしい。

ローンチ（launch）という英語には、ロケットを打ちあげる、船を進水させるという意味のほかに、始める、開始するという意味があります。

ビジネスではおもに新商品を発売したり、新しいサービスの提供を始めたりする際に用いられます。「A社は来年3月、新アプリをローンチする」のように使われます。金融業界では、株式などの有価証券を発行すること、それを市場に発表することをローンチといいます。ゲーム業界では、新しいゲーム機の発売と同時に発売されるソフトをローンチタイトル、またはローンチソフトといいます。

なお、類似語の**リリース**はローンチより幅広い分野で使われています。ローンチだと顧客に伝わりにくいと感じたら、リリースといい換えるのがよいでしょう。

4章

意味も使い方も
いまいちわからないＩＴ用語

AI《エーアイ》

要約 人工的につくられた知能

例文 弊社は、診断データや生活習慣データから特徴を抽出して予測する**AI**を活用し、予防医療の分野に進出します。

ＡＩはアーティフィシャルインテリジェンス（Artificial Intelligence）の頭文字を取った言葉で、人工知能と訳されます。学習、推論、判断といった人間の知的能力をコンピュータで実現する技術や、人間の知能をもつ機能を備えたコンピュータシステムを指します。

ＡＩの根幹をなすのは、画像特定や音声認識など人間がやることをコンピュータに学習させる**ディープラーニング**という技術です。これを取り入れたＡＩは、十分なデータ量があれば自主的にルールや特徴を学習し、機械が自動的に判断するのです。この技術は、すでにさまざまな分野で導入されています。製造業では、これまでは高度な訓練を積んだ者が不良品の検品を担当していました。ですが、現在は多くの工場が画像認識のＡＩを導入し、良品と不良品の見分けを一度に大量に短時間で処理できるようにしています。

不動産業界では、探している人に最適な住まいを、コンピュータを介してＡＩが提案してくれるソフトが開発され、すでに利用されています。また、金融・保険業では近年、「クレジットカードの不正検知にＡＩの技術が用いられている」と説明しています。

一方、広告業界では、「ＡＩに学習させ、利用者が欲しがっている商品の広告がネット上に何度も登場するようにしましょう」といった営業トークが頻繁に使われているようです。

最近では、カスタマーサポートの前段階として人工無能と呼ばれる**チャットボット**を採用している企業もあります。これは、利用者の質問に対して問い合わせ先や解決方法へ導くといった機能です。

DX《ディーエックス》

要約 IT技術で組織やビジネスモデルを変革すること

例文 うちの会社も社長がようやく**DX**推進に舵を切り、先週、管理部門に推進室が設置されたんだ。

DX（デジタルトランスフォーメーション）は、デジタル技術によって、製品やサービス、働き方、さらに社会そのものを変革することを指します。DXと略されているのは、トランス（trans）をXと略す、英語圏の一般的な表記に準じているためです。

これまでのIT（情報技術）は、管理の見える化や情報の共有など、業務の効率化や品質の改善、販売チャンネルの拡張などに活用されてきました。これに対しDXは業務の変革を目指します。

たとえば、**AI**（P150）を使った判断業務の自動化、無人化で指揮命令をスピードアップすることなどがあげられます。さらにDXは、ビジネスモデルの転換、新規事業分野への進出など、ビジネスの変革への活用も期待されています。

EC《イーシー》

要約 ネット通販

例文 弊社は新型コロナウイルス感染症の拡大を機に店舗を閉め、全国の消費者を対象とした**EC**に切り替えました。

エレクトロニックコマース（Electronic Commerce）は頭文字を取ってEC、またはe《イー》コマースと呼ばれます。直訳すると電子商取引、つまり商品やサービスをインターネット上で売買する手法で、オンラインショッピングがその代表です。

企業やショップは、インターネットを介して商品やサービスを販売します。購入者はクレジットカードでの支払いや銀行引き落としなどで支払います。こうした決済システムまでを含めてECといいます。

ECの成功例としては、ふるさと納税があげられます。ECを活用したおかげで、地方にある小さな店の商品が全国で売れるようになり、かつ自治体の税収も増えました。対面式のビジネスからECに転換する企業も、ますます増えていくとみられます。

アイオーティー

IoT

要約 モノがインターネット経由でつながるしくみ

例文 父さん、このスマートスピーカーには**IoT**の技術が使われていて、しゃべりかけるとエアコンがつけられるよ。

IoTはインターネットオブシングス（Internet of Things）の頭文字を取った言葉で、直訳すれば「モノのインターネット」となります。従来インターネットに接続されていなかったさまざまなモノ（住宅、車、家電製品、カメラ、時計など）がネットワークを通じてつながり、情報交換や制御すること、またそのしくみを指す言葉です。

離れた場所からでもインターネット経由で自宅などにある機器をコントロールできるため、すでにセキュリティ管理や室温管理、カメラを用いたペットの見守りなどに使われています。また、腕や頭部など、体に装着する端末である**ウェアラブルデバイス**（P164／P213）による健康管理にも用いられています。

さらに、製造業界や流通業界では、生産から流通に至るまでの全工程の管理に活用が期

待されています。自動車業界と自治体では、自動車や交通信号などをインターネットとつなげて、速度や車間距離の制御、渋滞や交通事故の防止などへの利用も考えられています。

　現在は業界を問わず使われており、たとえば農業分野では、作物の生育状態を把握するため、**ドローン**（P39）によるＩｏＴ技術の活用が期待されています。医療や介護分野では、患者のヘルスケアデータや位置情報をリアルタイムに得ることができるので、ＩｏＴは遠隔医療や介護に不可欠になります。

　こうして、あらゆるモノがインターネットにつながれば便利で暮らしやすくなりますが、サイバー攻撃やハッキングなどへの対策が課題となっています。

UX《ユーエックス》

要約 製品やサービスから得る体験

例文 顧客アンケートの結果を分析してユーザーの状況とニーズを把握し、今後の**UX**の向上に役立てていきます。

商品購入や記事の閲覧など関わったことで起こる体験そのものを表しています。「このサイトは探したい商品を見つけるのが簡単だな」「記事の要約がとてもわかりやすい」などがUX（ユーザーエクスペリエンス）です。

とくにウェブ関連の業界などで多く用いられ、提供したサービスやウェブサイトが顧客などにとってどんなものかを知るための言葉です。一緒に使われる言葉として**UI**（ユーザーインターフェース）があり、これは利用者と製品、サイトとの接点を指します。

「探したい商品が簡単に見つかるのは、カテゴリーが色分けされているからだ」とあれば、ここでのUIはユーザーの視覚に触れる色分けされたカテゴリーのことです。上司から「UI品質の向上を」と指示されたら、デザインやフォントを変えてみましょう。

アクセシビリティ

要約 誰もが使える利用のしやすさ

例文 この体重管理アプリは、**アクセシビリティ**に配慮して開発しました。操作が簡単だから、お年寄りでも使えます。

アクセシビリティは、近づきやすさや使いやすさを意味します。ＩＴ用語では、製品やサービスへのアクセスのしやすさを表し、「このウェブはアクセシビリティが高い」「このソフトはアクセシビリティに問題がある」といった使い方がされます。

パソコン初心者や高齢者でも、どのような環境にあっても、ウェブサービスに簡単にアクセスできたり、入力できたりすることが求められています。たとえば、高齢者にとってスマホの画面は小さく、文字は読みにくいもの。そこで画面を触ると文字を拡大できるしくみをつくる。これがアクセシビリティに配慮した機能の一例です。

類似語の**ユーザビリティ**は、決められたユーザーにとっての使いやすさを意味します。なお**ユニバーサルデザイン**は、万人が使いやすいような設計を指します。

アドオン

要約 追加できる拡張機能・ソフト

例文 新庄君、この**アドオン**を使えばウェブサイトにある画像を簡単に保存できるよ。便利だから試してみてね。

アドオンは、追加のという意味で、別名アドインともいいます。ＩＴ分野では、インターネットエクスプローラーやクローム、サファリなどのブラウザにあとから追加・拡充できる機能、またそのためのソフトやプログラムを指します。

たとえば動画やファイルをダウンロードする機能、広告を自動でブロックする機能など、さまざまな種類のアドオンが無料で公開されています。ただし追加する拡張機能が本当に必要かどうか確認してからダウンロードしてください。

なお、類似語の**プラグイン**はアドオンの一種で、おもに機能を追加するソフトを指します。ＩＴ業界であれば使い分けが求められますが、一般的には同じ意味と考えて問題ありません。

アルゴリズム

要約 問題を解決するための効率的な手順

例文 このシステム、動きがイマイチ遅いんだよね。**アルゴリズム**をいじったら、スムーズに動くようになるかな。

アルゴリズムとは、数学の基礎理論や計算理論などの分野において、計算方法を表す言葉です。ＩＴ分野では、プログラムに関連する問題を解決するための手順、またはもっとも効率のよい計算方法を指します。

プログラムは、コンピュータ上で用いるために、特定の言語で書かれています。そのため、コンピュータになんらかの問題が生じた場合、プログラムに適した手続きが必要となります。この手続きをするときの手順がアルゴリズムといえるでしょう。

多くの場合、アルゴリズムは複数存在します。ＩＴ担当者から「設計によって処理速度が大きく変わるので、アルゴリズムが重要になってきます」と切り出されたら、相手がもっとも効率のよい方法を模索している最中だと考えてください。

イジェクト

要約 取り出すこと

例文 スマホのSIMカードを**イジェクト**するときに必要な、取り出し用ピンを失くしてしまって、困っています。

英語のイジェクト（eject）は取り出す、排出するという意味です。コンピュータに関連する場合は、CDやDVDなどの記憶メディアをドライブ（データの読み出しや書き込みができる装置）から取り出すことを表します。

パソコンやレコーダーから取り出す際に使うボタンがイジェクトボタンで、本体脇の部分や、ディスクの取り出し口についています。イジェクトボタンの代わりにキーボード上にキーとして配置したものはイジェクトキーといいます。

一方、スマホやタブレットの側面には、針金しか刺さらないぐらいの小さな穴がついているものがあります。この小さな穴の名前はイジェクトホールです。この穴にSIMカードイジェクトピンを差し込んでSIMカードを取り出します。

インタラクティブ

要約 お互いに作用する関係

例文 ユーザーが求める情報と企業が提供したい情報をつなぐ、**インタラクティブ**なウェブサービスを企画中です。

間をつなぐという意味合いのインター（inter）と、活発なという意味のアクティブ（active）の複合語で、双方向の、対話式のなどと訳されます。

インターネットを使えば、誰もが情報を受け取れると同時に、発信することもできます。この双方向で情報をやりとりできる状態をインタラクティブといい、パソコンやスマホの機能を表す際によく用いられます。テレビのリモコンにあるアンケートやクイズで使うdボタンも、インタラクティブな機能の1つといえるでしょう。

IT分野以外でも、双方向のやりとりという意味でコミュニケーション全般に対して使われています。たとえば「インタラクティブな会議をしよう」といわれれば、一方的な指示や報告だけでなく、議論を通じて方針をまとめるなどの活発なやりとりが求められます。

インプレッション

要約 印象／広告の表示回数

例文 インパクトのある写真とコピーを採用したおかげで、うちのネット広告の**インプレッション**が上がってきたぞ。

一般的には印象という意味で使われます。「強いインプレッションを与えた」といえば強烈な印象を与えたこと、**ファーストインプレッション**といえば第一印象のことです。

近年では、インターネット広告の表示回数を指し、マーケティング用語として使われています。**IMP**と略されることもあり、広告会社や企業のマーケティングの部署では、広告の効果を測定するうえで大事な指標となっています。よく見かけるのは「インプレッション数を増やす」という表現です。

類似語の**ページビュー（PV）**は、特定のページがディスプレイ上に表示された回数を指します。**リーチ**は、広告がディスプレイ上に表示されたユーザーの数を意味します。

インプレッション数は、PV×広告掲載数という計算式で導くことができます。

インポート

要約 データを取り込むこと

例文 古いパソコンのブックマークとアドレス帳を、新しいパソコンに**インポート**したので、セットアップ完了だね。

輸入することや輸入品を表すインポートは、「その食器はフランスからのインポート品です」といったように、おもに小売業を中心に用いられてきました。ところが、近年ではパソコンやスマホを使う多くの人が、輸入や輸入品とは異なる意味のインポートという用語を見聞きし、実際に使っています。

この場合のインポートは、パソコンやスマホに他のソフトで作成されたデータやファイルを取り込んで利用できるようにすることを指します。「テキストファイルをエクセルにインポートする」「新しいスマホに旧スマホのアドレス帳をインポートする」といった場合がそれです。パソコンやスマホなどの取り込む側で扱えるデータに変換して利用できるようにします。反対にデータを取り出す場合は**エクスポート**といいます。

ウェアラブル

要約 装着できる

例文 健康オタクの鈴木課長は、歩数や距離が測れるウォーキング専用の**ウェアラブル**デバイスを探している。

ウェアラブルは、着用できるという意味です。ＩＴ分野では、服や腕など身につけたまま使える**ＩｏＴ**（Ｐ１５４）機器をウェアラブル**デバイス**（Ｐ２１３）、また単にウェアラブルと呼んでいます。

ウェアラブルデバイスの代表が、心拍数や歩数、血圧などを計測する健康管理機能がついたスマートウォッチやスマートバンドです。このようなデバイスはウェアラブル○○と命名されています。たとえば頭部や肩部、作業服の胸ポケットに装着するカメラはウェアラブルカメラ、肩にかけるスピーカーはウェアラブルスピーカーといいます。

昔は大きなラジカセをもち歩いていましたが、いまは小型のウェアラブルスピーカーとスマホでスマートなスタイルになっています。

エゴサーチ

要約 検索して自分の評判を調べること

例文 毒舌で知られる佐藤教授は、じつは自分の評判をいつも気にかけ、定期的に**エゴサーチ**しているらしい。

自己を表すラテン語のエゴ（ego）と、調べる、検索するという意味のサーチ（serch）を組み合わせた和製英語です。エゴサーチとは、自分の名前やハンドルネーム、自分が運営するサイト名、関わっている会社や商品名などをインターネットで検索して、評価や評判を調べることです。略してエゴサともいいます。

自身の評判を気にする有名人はもとより、一般の人もエゴサーチをした経験はあるでしょう。「自分の名前をエゴサし、ショックを受けた」といった体験談はよく見かけます。

また、企業の宣伝・広報担当者が、「自社商品名の評価をエゴサーチし、今後の宣伝方法の参考にする」といったように使うこともあります。この場合、仕事中に長時間インターネットを見ていても注意されることはありません。

エンクロージャ

要約 格納するケース

例文 ＩＴ担当者は**エンクロージャ**にファンがついているから安心というけど、このパソコンは熱をもっている。

ＩＴ分野では、**ブレードサーバ**（データ保存用の記憶装置である**HDD**、プログラム実行用の記憶装置である**メモリ**、プログラムの実行装置である**CPU**などを搭載したサーバ）を格納するケースをエンクロージャと呼んでいます。ディスクエンクロージャといえば、ＨＤＤを囲うケースを指します。

小型のエンクロージャも増えており、半導体素子メモリを使った、ＨＤＤよりも小型で容量の大きい**SSD**をパソコンに外付けするタイプもあります。また、独立した装置に使われるエンクロージャーも存在します。

ちなみに、音響機器の分野では、スピーカーユニットを収納する箱を指します。スピーカーユニットとエンクロージャの組み合わせにより、おもに低音の音質が決まるそうです。

オープンソース

要約　プログラムが無償で公開されていること

例文　このソフトは**オープンソース**だから無料で使えるのかなと思ったら、サポート付製品なので有料でした。

「マイクロソフトは、オープンソースのプログラミング言語の最新版を公開した」といったように、経済ニュースで見聞きする機会が増えています。オープンソースとは、**ソースコード**（プログラミング言語で記された文字列）を無償で公開し、かつ自由な利用や改良、再配布が認められているソフトのことです。

オープンソースソフトウェア（Open Source Software）の頭文字を取ったＯＳＳは、ソフト開発に欠かせないものになっています。誰でも複製や配布、改良ができるとはいうものの、その範囲はオープンソースライセンスによって制限されています。「再配布時には、ソースコードとライセンス文書を添付する」「原著作者の著作権表示をする」といった制限が設けられている場合もあるので、確認してから使用するようにしましょう。

クラウド

要約 ネット上でデータ管理やサービスの利用ができるしくみ

例文 営業で出歩くことが多いので、商品の資料は**クラウド**に保管し、タブレットでアクセスしています。

従来は利用者各自がパソコン本体や外付け**HDD**、または自社サーバやネットワーク機器などでソフトやプログラムを所有したり、書類や写真、動画などのデータを管理したりしていました。クラウドとは、クラウドコンピューティングの略で、インターネット上に存在するサーバを通じて、必要に応じてソフトやプログラムを利用し、データ処理する形態を指します。

ＩＴ業界では、インターネットを介したネットワーク環境をクラウド（cloud＝雲）と表現しています。漠然とした雲の中にあるサーバやアプリを利用するというイメージから、このように呼ばれるようになりました。

業界を問わず使われるようになった現在は、クラウドの種類も増え、スマホからも手軽

にアクセスできます。その反面、どのクラウドに何のデータが保存されているかがわからなくなることもあります。国会議員が「サーバではなく時代はクラウド」と発言して物議をかもしたこともありました。これは、自身でサーバをもたずとも世界のどこかにあるサーバにデータを保管する、というクラウドのしくみを理解していない証拠です。

　クラウドサービスとは、画像や動画の保管、受け渡し、顧客管理や財務会計などのソフト機能など、クラウドを利用して提供されるサービスのことをいいます。また、**クラウドファンディング**は、インターネットを介して不特定多数の人から資金を調達することを指します。このクラウドは群集を意味する「crowd」です。

サブスクリプション

要約 定額制のサービス利用

例文 月額900円で契約している動画配信サービスは、**サブスクリプション**だから見放題なんだ。

定期購読を意味するサブスクリプションは、インターネットを介したサービスの、一定期間の利用に対し代金を支払う方式です。略してサブスクともいいます。ユーザーが所有するのではなく、利用する権利を買うのがその特徴です。

代表的なものに月額制の動画配信サービスのネットフリックスや音楽配信サービスもアップルミュージックがあります。一定の料金を支払えば、前者は動画が見放題、後者は音楽が聴き放題になるサブスクリプションサービスです。ワードやエクセルなどのソフトを収納したマイクロソフトオフィスも、月額や年間のサブスクリプションが選べます。

しくみだけ見れば、レンタルや**リース**と似たサービスです。レンタルは返却が前提、リースは途中で解約すると解約金が必要になる点がサブスクとの違いです。

シンギュラリティ

要約 AIが人類の知能を超える転換点

例文 佐藤教授、**シンギュラリティ**が到来したら、私たち人間の世界はAIに支配されてしまうのでしょうか？

シンギュラリティは、アメリカの発明家で人工知能研究の世界的権威であるレイ・カーツワイル博士らが示した未来予測の概念を表すキーワードです。たぐいまれなことや特異点を意味します。といっても、その特異点が何を意味するのかわからない人は、少なくないでしょう。

この場合の特異点とは**AI**（P150）が人間の能力を超える時点を指し、博士は2045年ごろにシンギュラリティを迎えて人間の生活に大きな変化が起こるという仮説を立てました。

日常会話では、独自性という意味合いで使われることがあります。「あいつはシンギュラリティに満ちている」と評価すれば、その人物の個性に興味を抱かせる効果があります。

シンクライアント

要約 最小限の機能しかもたないパソコンで操作し、データの保存や処理はサーバに任せるしくみ

例文 県庁がA社の開発した**シンクライアント**を導入して、空調コストを大幅に削減させたらしい。

新しいクライアント（依頼人）のことではありません。シン（thin）は、薄い、または余分な肉のないという意味で、クライアント（client）は、ネットワークにつながった端末のことをいいます。シンクライアントとは、**HDD**や**SSD**など大容量の記憶媒体をもたないパソコンを使ったシステムです。

処理のほとんどはサーバが行うため、利用するパソコンは必要最低限の機能しかなく、一般的なソフトもインストールされません。シンクライアントを導入すれば、コスト削減と情報漏洩対策が一度に実現できるため、パソコン利用者の多い企業や官庁、教育機関で重宝されています。「弊社ではシンクライアントが導入されている」と聞いたら、コスト管理と情報のセキュリティ管理が行き届いている会社だと考えてもいいでしょう。

ストレージ

要約 データを保存する場所

例文 買ったときは**ストレージ**の空き容量がたくさんあったのに、アプリを入れすぎて容量が足りなくなっちゃった。

パソコンやスマホを使う人がよく見る用語のひとつでしょう。ストレージは、画像や音声、映像などのデジタル情報を記録・保存する記憶装置やその容量のことです。

パソコンやスマホに搭載されている**HDD**がその代表で、「このスマホのストレージは256GB」といったように表すことができます。USBメモリやSDカードなどは外部ストレージといいます。

近年は、インターネット上で利用者ごとに用意された領域を使える**オンラインストレージ**も需要が伸びており、ドロップボックスやiクラウドなどはその代表例です。なお、これらのオンラインストレージは、ストレージを提供する**クラウド**（P168）の一種で、**クラウドストレージ**とも呼ばれます。

スマートコントラクト

要約 契約の自動化

例文 暗号通貨でひと儲けしてやろうと思って、**スマートコントラクト**についての勉強を始めたんだ。

スマートコントラクトとは、暗号通貨や**ブロックチェーン**などを扱う業界でよく耳にする言葉です。具体的には、ブロックチェーン上で契約を自動的に行うしくみのことを指しています。

近年注目されている**NFT**（P66）の取引では、ブロックチェーンの一種である**イーサリアム**が使われます。そのイーサリアムの基幹となっているのが、このスマートコントラクトです。

イーサリアムのブロックチェーンには、所定の条件が満たされた場合に自動的に契約が実行されるというプログラムが設定されており、決済や送金などで実際に使われています。

一般的な売買契約は、当事者同士の約束が将来きちんと果たされるよう、仲介者を通じ

スマートコントラクトの流れ

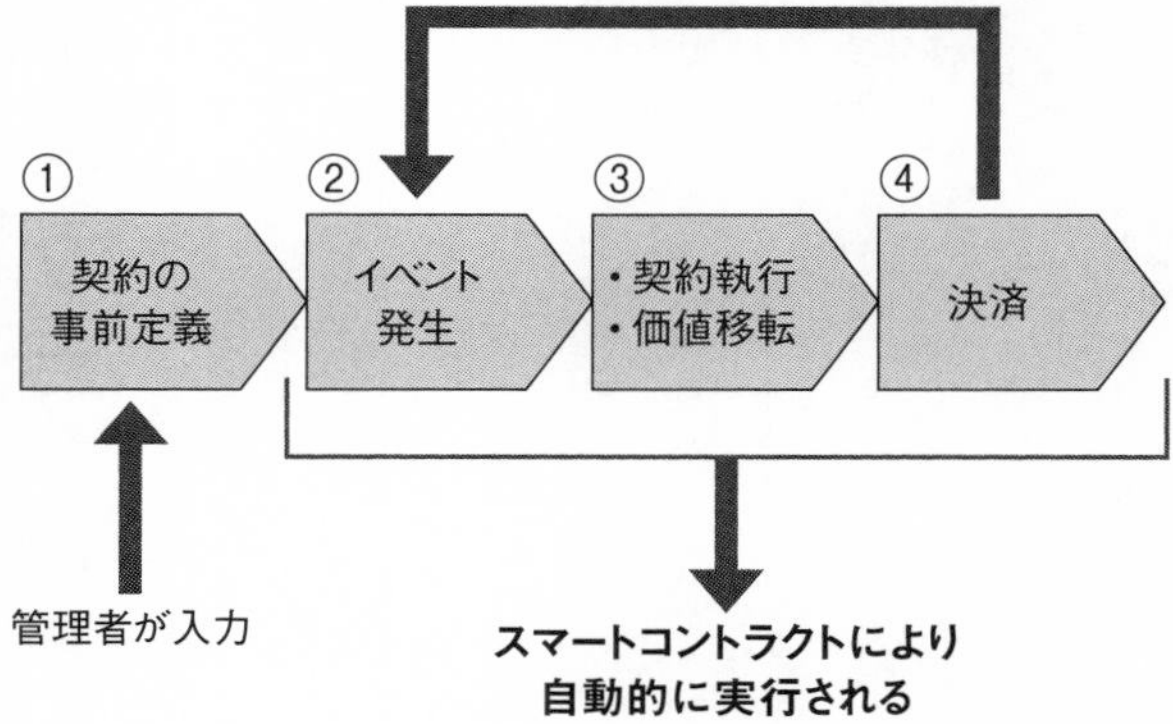

て行われます。たとえば、スーパーのレジ係の人が仲介者の役割を果たします。スマートコントラクトでは、このレジ係のような買い手と売り手をつなぐ仲介の作業が、すべて自動化されるというわけです。

このしくみのたとえとしてよく用いられるのが、自動販売機です。必要な金額を投入し、買いたい飲料のボタンを押す、という2つの契約条件が満たされた場合に限り、自動的に希望する飲料を利用者に提供するという契約が実行されることになります。

また、スマートコントラクトを用いると、ミスや事故が起こりにくくコスト削減も可能とされており、小売業界や物流業界では社会実装が検討されています。

ダークウェブ

要約 簡単にはアクセスできないサイト

例文 アメリカで**ダークウェブ**を使って取引をしていた犯罪者が逮捕されて、現金や銃が押収されたんだって。

グーグルやヤフーなどの検索エンジンで見つけられないサイトは、**ディープウェブ**と呼ばれています。会員制サイトや、ネットバンキングなど、アクセスに認証が必要なサイトが、その代表です。氷山にたとえれば、水面下に位置する部分です。

ダークウェブはディープウェブのさらに下層に位置するサイトで、俗に闇サイトと呼ばれています。クロームやインターネットエクスプローラーなど、ウェブサイトを閲覧するために使う通常のソフト（ブラウザ）ではアクセスできず、匿名性が高いという特徴があります。

ダークウェブにアクセスするためには、専用のソフトや技術を使用する必要があり、犯罪に利用されることも多いとされています。具体的には、名前やメールアドレスなどの個

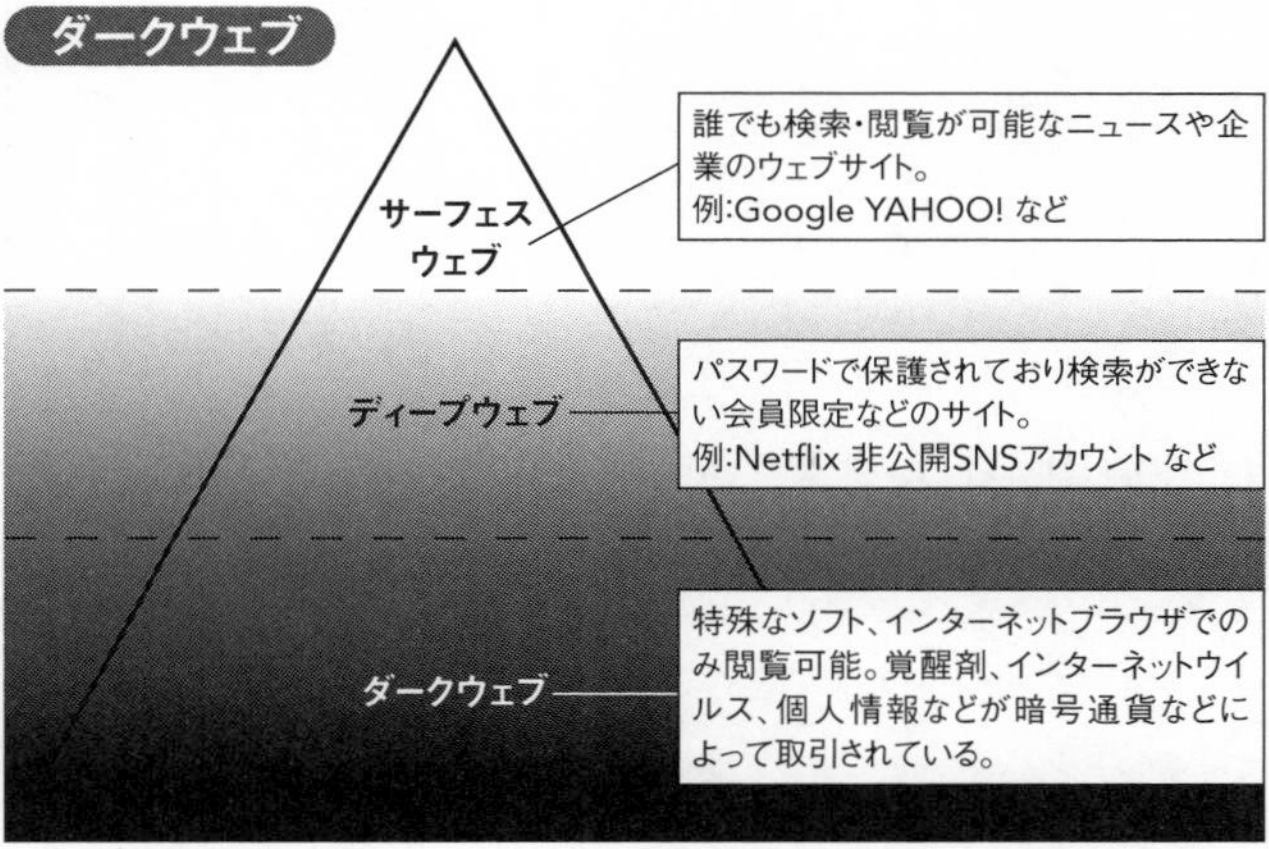
ダークウェブ
サーフェス
ウェブ
誰でも検索・閲覧が可能なニュースや企業のウェブサイト。
例:Google YAHOO! など
ディープウェブ
パスワードで保護されており検索ができない会員限定などのサイト。
例:Netflix 非公開SNSアカウント など
ダークウェブ
特殊なソフト、インターネットブラウザでのみ閲覧可能。覚醒剤、インターネットウイルス、個人情報などが暗号通貨などによって取引されている。

人情報が流れていたり、戸籍や銀行口座、麻薬、児童ポルノ、サイバー攻撃に使われる**マルウェア**（悪意ある不正なプログラム）などの違法な取引が行われていたりして、犯罪の温床となっています。近年では、殺人依頼や臓器の売買も行われているといわれています。

この用語は「ダークウェブではサイバー攻撃の依頼も行われており、サイバーセキュリティ業界では大問題となっている」や「サイバー攻撃の不正プログラムなどを扱うダークウェブに関する実態調査を終えた」といった使い方がされています。

なお、サイバー犯罪は、インターネット上で行われる犯罪のことを指します。ワンクリック請求がその代表です。

チート

要約 突出した能力／データの不正改造

例文 あのオンラインゲーム、**チート**なキャラクターが登場しまくりだから、なかなか進まないんだよ。

チートは本来、ごまかす、あざむくという意味です。しかし近年は、インターネット上のスラングで、いかさまのようにすごいという意味で用いられます。「あいつの運動神経はチートだ」など、よい意味で突出した能力を表すときに使われます。

なお、コンピュータゲームの世界では、プレイヤーが進行に関わる内部データを改変することをチートといいます。有料アイテムが無料で使われたり、キャラクターのステータスを引き上げたりすることをいいます。

また、ダイエット中に食事制限をいったん解除して好きなもの食べてよい日を**チートデイ**といいます。連日の食事制限で飢餓状態になっている体に、あえて摂取カロリーを増やすことで飢餓ではないと認識させてダイエットを効率よく進める手法です。

ディレクトリ

要約 ファイルを分類する場所

例文 フォルダを削除しようとしたら、「**ディレクトリ**は空でありません」と表示されるんだけど、どうしよう。

ディレクトリは、住所録という意味から派生したIT用語で、画像やテキストなどのファイルを分類し、管理する場所を表します。WindowsやMacでいえば、ドキュメントフォルダがディレクトリにあたります。そのため、ディレクトリを、単にフォルダと呼ぶこともあります。

ファイルは**ストレージ**（P173）内部に保管され、ディレクトリ名によって識別されます。さらに、その内部に別のディレクトリ（サブディレクトリ）を階層構造的にいくらでも作成して入れることもできます。これをディレクトリ階層、または木の幹から枝が伸びた形にたとえて、ツリー構造と呼びます。「ディレクトリをチェックして」といわれたら、ファイル名で検索し、それに相当するタイトルのものを開いてみましょう。

バイナリ

要約 テキスト以外のデータ

例文 いま送られてきたデータ、見たことのない拡張子がついていますけど、**バイナリ**ファイルですか?

2進数という意味のバイナリ。コンピュータは、すべての情報を2進数の0と1が並んだ列で表します。IT分野では、文字を表すデータをテキストファイル、それ以外の画像や音声、動画、プログラムなどのデータをバイナリファイルといいます。

テキストファイルであればOSや環境が変わっても処理できますが、バイナリファイルの場合はバイナリエディタと呼ばれる、専用の閲覧・編集ソフトがなければ開くことができません。

また、金融分野では、為替レートや株価指数が一定時間後に指定したレートや指数よりも高いか低いかを予想する金融取引のことを、**バイナリオプション**と呼んでいます。この場合のバイナリは、二者択一という意味で使われています。

バッファ

要約　データの一時的な保管場所／ゆとり

例文　動画を見るときに**バッファ**中という表示が出て待たされるのは、君のパソコンの問題だろう。

パソコンで動画を観ているときに「バッファ処理中」という表示が出て、動画が止まってしまったことはありませんか。

バッファとは、入力と出力の間に置いてデータを一時的に蓄える記憶装置を指します。バッファ処理中となるのは、インターネットからの入力がなんらかの原因で途絶えたため、バッファの中身が尽きてしまい、画面出力もできない状態を示しています。インターネットに接続した状態で映像が楽しめる、**ストリーミング**と呼ばれる再生方式で起こります。

英語のバッファ（buffer）は衝撃を吸収するものという意味です。ビジネスシーンでは、予算や日程などに設ける余裕やゆとりの意味で使われます。7日間の作業を10日間の余裕をもった日程にする場合「3日のバッファをもたせる」などと表現します。

モジュール

要約 交換可能なパーツ

例文 新しく導入されたソフトは複数の**モジュール**を組み合わせ、1つのプログラムとして機能させています。

製造業とＩＴ業界でよく登場する用語です。製造業では部品群やユニット式の工業製品を指します。一方、国際宇宙ステーションでは、構成要素という意味合いで実験棟や居住棟をモジュールと呼んでいます。

ＩＴ業界では、プログラムを構成する小さな部分を指します。モジュールが使いやすい形になっているものが**ライブラリ**、複数のモジュールやライブラリをまとめたものをパッケージと呼んでいます。また、モジュールという呼び名は、ハードにも用いられ、プリンターやディスクなどの構成装置を指すこともあります。このようにモジュールに該当するものが多いため、プログラム上のことなのか、パソコンや周辺機器のことを指しているのかよく確かめるようにしましょう。

ランサムウェア

要約 身代金要求型ウイルス

例文 鈴木課長が迷惑メールをうっかり開いて、**ランサムウェア**に感染したらしい。大変なことになるぞ。

ウェアとありますが、衣服の種類ではありません。ランサム（身代金＝ransom）とソフトウェア（software）を組み合わせた造語で、身代金要求型ウイルスのことです。

ランサムウェアは、パソコンの中にあるファイルを勝手に暗号化したり、特定の制限をかけたりし、その制限の解除と引き換えに金銭を要求する不正プログラムを指します。**スパムメール**（迷惑メール）や改ざんしたサイトから誘導し、パソコンを感染させます。感染するとパソコン内のファイルは暗号化され、使えなくなります。

ただし、要求された料金を払っても元に戻る保証はありません。どちらにしろ結果的にお金を払うことになるのであれば、不正プログラムをブロックするセキュリティ対策にお金を使うのがよいでしょう。

リソース

要約 さまざまな資源／プログラムが使うデータ

例文 新規プロジェクトを立ち上げるにあたり、弊社の**リソース**を見直したら、技術分野の専門家が不足していました。

リソースは本来、資源や資産を表す言葉。さまざまなものに対して用いられるため、応用範囲が広く、いろんな分野で使われます。ビジネス分野では、プロジェクトを進めるために必要な人員や予算、設備、環境などをリソースといいます。ヒューマンリソースといえば、人的資源つまり人材を指します。

ＩＴ分野では、プログラムに使用する画像やアイコン、メニューなどをリソースと呼びます。また、ハードやソフト、ネットワークに対しても使われます。たとえばパソコンやスマホのディスプレイに「リソース不足」と表示が出た場合は、「**CPU**や**メモリ**が貧弱でプログラムが動かない」というメッセージです。パソコンの再起動、メモリを増やす、**HDD**の空き容量を増やすなどの対処が必要です。

レジューム

要約 前回の状態から再開できる機能

例文 仕事が早いあいつのパソコンには**レジューム**機能がついている。自分も見習って効率化しよう。

英語で再開するという意味のレジュームは、パソコンの電源を切ったときに、その時点での動作中の状態を保存する機能を表します。電源を切る直前の状態を**メモリ**へ一時的に保存することで、次に使用するとき即座に停止直前の状態に復帰できるのです。

たとえばインターネットを介して視聴した動画をいったん停止し、パソコンの電源を切ったとしましょう。次に起動したとき、最後に視聴した位置から再生できるのは、動画のレジューム機能です。そのため、パソコンでいかがわしい動画を見ていたときは、周囲にバレないように注意が必要な機能ともいえます。

なお、レジュームと英語のつづりが同じ**レジュメ**は、要約や履歴書を意味します。このレジュメはフランス語からきた言葉で、意味はレジュームとは異なります。

ロングテール

要約 スキマ商品を大量にそろえて売上げを伸ばすこと

例文 たとえ主力商品でなくても、**ロングテール**で勝負していけるならば生き残れるかもしれないね。

ある分野に特化し、大手が参入してこない小規模マーケットを**ニッチ**（隙間）市場といいます。この市場は、ネット販売が普及したことで着目されるようになりました。

主要な売上げを稼ぐヒット商品以外の販売機会の少ない商品を大量に取りそろえることで、全体として売上げを大きくする現象をロングテールといいます。また、ビジネスモデルとしても使われています。このユニークなネーミングは、売上高または販売数を縦軸、販売品目を横軸にした棒グラフで、右側に動物の長い尾（ロングテール）のような形が現れることに由来しています。

アマゾンは、ロングテールの戦略をとることで、在庫処分などのコストを削減し、安定した売上げを確保しているといえます。

5章

いまさら知らないとは言えないインテリ用語

VUCA《ブーカ》

要約 未来の予測が難しい状況のこと

例文 ビジネスパーソンのみなさんは、**VUCA**時代に取り残されないために、自分が何を学ぶべきか考えてみましょう。

ＶＵＣＡは、ボラティリティ（変動性＝Volatility）、アンサーティンティ（不確実性＝Uncertainty）、コンプレクシティ（複雑性＝Complexity）、アンビギュイティ（曖昧性＝Ambiguity）の頭文字を並べたもの。さまざまな環境が複雑さを増し、将来の予測が困難な状態を指します。

もとは東西冷戦後、戦略が複雑化した状態を示す軍事用語でした。２０１０年ごろからは、経済、政治、環境などの分野でも用いられるようになり、今日ではあらゆるビジネスシーンで使われるようになっています。

世界情勢を語る際には、たとえば「アメリカと中国の深刻な対立が、ＶＵＣＡ時代をより混迷させている」といった使い方ができます。企業の経営者やコンサルタントがよく用い

VUCA

用語・意味	状態	例
Volatility 変動性	変化の量や質の差が大きく、スピードも速い状態	「コロナ」「SNS」による世の中の変化など
Uncertainty 不確実性	今後のことが予測できない状態	「地球温暖化」による気候変動など
Complexity 複雑性	数多くの要因が絡み合っている状態	「LGBT」への理解度の差など
Ambiguity 曖昧性	ものごとの因果関係が不明瞭な状態	「ベンチャー企業」への投資など

る「VUCAワールドを勝ち抜く」というキーワードは、企業を取り巻くビジネス環境は不安定で不確実、かつ複雑で混沌とした状況にあると分析したうえで、生き残る厳しさを表現しています。

VUCA時代に有効だとされているのが、観察（Observe）、状況把握（Orient）、意思決定（Decide）、行動（Act）の4つのステップに、ふり返る（Loop）を加えた、**OODA**（ウーダ）ループという思考法です。

この言葉も元は軍事用語で、意思決定の際に使われます。4つのステップを実行し、その結果を検証することで、判断と行動の先送りが減り、大きな失敗をおかすリスクが少なくなるといわれています。

アーキテクチャ

要約 設計されたもの

例文 この美術館を設計した名建築士の伊藤氏の**アーキテクチャ**は革新的とされ、国内外で注目されています。

アーキテクチャは設計されたもののことで、建築分野では建築されたものや建築様式を指しますが、近年はＩＴ分野でよく使われます。システムの基本構造を指します。「弊社はあの保険会社の営業システムのアーキテクチャを完成させた」といった使い方がされています。また、システムのことをソフトウェアアーキテクチャといいます。

名詞形のアーキテクトは建築家や建築士、設計者のこと。ＩＴの分野では、情報システムやソフトの設計を担う技術者を指します。

情報システム開発において基礎設計を担うシステムアーキテクトは、経済産業省が認定する国家資格である情報処理技術者試験の試験区分の1つです。ＩＴアーキテクトといった場合は、情報通信の設計に携わる人を表しています。

アヴァンギャルド

要約 芸術上の革新運動／最先端

例文 ドレス生肉をつけたりする彼女のファッションは、**アヴァンギャルド**すぎてついていけないところがある。

軍隊の先頭で戦う前衛部隊を意味するフランス語から派生した言葉です。かつては、第一次世界大戦前後に欧米で起こった前衛的な芸術運動を指していました。具体的な対象を遠近法でとらえるのではなく、複数の角度からとらえて描く**キュビズム**や、超現実主義と訳される**シュルレアリスム**なども含まれます。

現在では絵画のみならず、デザインやファッション分野でも革新的であることを表す言葉として用いられているので、前後の文脈からどちらの意味で使われているのか判断しましょう。「ピカソやダリは、アヴァンギャルドの代表的な画家だ」という場合は20世紀初頭の芸術運動を指します。「新しいデザイナーの作風はアヴァンギャルドだ」といったような場合は「最先端でトガっている」という意味合いになります。

アカデミック

要約 学術的／格式的で古臭い

例文 就職活動で苦戦していた彼は、公立の**アカデミック**な研究機関で働くことに決まったらしい。

アカデミックは、よい意味と悪い意味の2つで使われます。1つは、学問や芸術の分野において正統的であることです。「アカデミックな研究」「アカデミックな分野」といった場合がそれです。2つ目は、古臭く新鮮味がないときや実用性に欠ける様子です。「アカデミックな芸術論は、おもしろみがない」「開発した商品はアカデミックすぎて役に立たない」といった場合がそうです。

ハラスメント（P41）の一種にアカデミックハラスメントがあります。これは、大学や教育・研究機関で起こる、学術的な知識や権力を利用した嫌がらせです。略して**アカハラ**。名詞の**アカデミズム**は、学問の研究や芸術の創作において、純粋に真理や美を追究することと、伝統的・保守的な立場を固辞しようとする学風を指します。

アグリー

要約 賛成

例文 総務部長から提案のあった在宅勤務と男性社員の育児休暇の導入について、私は全面的に**アグリー**です。

会議の席などで、提案や意見に対する賛否を表すときに使われます。正確には、納得して同意する、話し合って合意するという意味です。合意しない場合は英語でディスアグリー（disagree）といいますが、なぜか「アグリーできない」と不自然な使われ方もします。

外資系企業のほか、IT業界や広告業界などで使われはじめ、ほかの業界でもビジネス用語として定着しつつあります。**アグリーメント**はその名詞形で、合意、協定、契約といった書面で使われることがあります。

なお、発音が似ているアグリは、**アグリカルチャー**（農業）や**アグリビジネス**（農業生産に関わるビジネス）を略した表現として用いられています。農業ビジネスの話をしているときは、きちんとした意味を知らないと混乱するかもしれません。

アソシエーション

要約 共通の目的をもつ人たちの組織

例文 A社とB社が日本の伝統文化の振興を目的とした**アソシエーション**をつくり、事務局を横浜市に開いた。

日本サッカー協会（ＪＦＡ）や日本中央競馬会（ＪＲＡ）など数多くの協会が英文字表記にアソシエーション（Association）の頭文字を用いています。ビジネスでも、協会や組合などの連合組織を意味し、「アソシエーションを結成する」という使い方をします。

類似語の**オーガニゼーション**や**ソサイエティ**は、日本プロ野球機構（日本プロフェッショナルベースボールオーガニゼーション＝ＮＰＢ）のように機構や機関の英文字表記で使われています。どちらもアソシエーションとの明確な違いはなく、複数の組織が集まった団体を意味します。

建築業界で使われる**コンソーシアム**は、共同で大がかりな事業を行う企業や政府などの連合体を指します。

アンプラグド

要約 電気楽器を使わない演奏

例文 来週来日するギタリストのライブは、**アンプラグド**で行われるそうだ。演奏力の高さが際立つだろうね。

差し込まれているという意味のプラグド（plugged）に否定形のアン（un）がついた英語で、配線がつながっていない状態を示します。転じて音楽業界では、電気楽器を用いない演奏や、その音楽を指します。アーティストのエリック・クラプトンがアコースティックギターのみの演奏を収録した『アンプラグド』というアルバムでグラミー賞を受賞し、広く知られるようになりました。

アンプラグドという言葉はアメリカで商標登録されているため、一般的には**プラグレス**という表現が使われます。

なお、アンプラグドはエレキギターやシンセサイザーなどの電気楽器を使わないという意味ではないため、マイクやスピーカーなどは使用します。

イニシアチブ

要約 主導権

例文 荒川部長が現場で**イニシアチブ**を発揮したので、営業部は目標達成に向けて一丸となり、その結果、業績も伸びた。

会話や交渉を切り出し、流れを仕切ることを意味し、会議や商談の場、日常会話でも使われます。「今回の商談は弊社がイニシアチブを握っている」といえば、自社が主導権を握って交渉しているという意味になります。

また、社内で使われるときはリーダーシップと同じような意味になり、目標達成のためにものごとを率先して動かす力のことを指します。

政治・行政の分野では自治体の住民が条例の制定・改廃について請求することをイニシアチブ（住民発案）と呼んでいます。日本では一定数以上の有権者の署名が集まることで、議会にはかって議決を求めることができます。「地域住民がイニシアチブにより条例の廃止を訴える」という使い方がされています。

インスタレーション

要約　空間を体験させるアート

例文　草間彌生がかつて挑んだ、部屋を水玉模様で埋め尽くす**インスタレーション**は、とても衝撃的でした。

現代アートのジャンルで近年人気なインスタレーションは、取りつける、設置するの英語訳から派生しました。室内や屋外に芸術作品を置いて、展示空間そのものを作品として観客に体感させる芸術の手法です。その空間もインスタレーションと呼ばれます。

その特徴の1つは、彫刻や絵画、映像、音響、コンピュータ、日用品など、用いるメディアに制約がないことです。さらに学校、公園、ビル、商店街など、展示・公開する場所にも決まりはありません。

また、近年登場した**VR**（P20）を用いたバーチャルインスタレーションは、どこにいてもインターネットを通じて仮想空間を体験できるようになっています。そして、このインターネット上の仮想空間の一種が**メタバース**です。

インダストリアル

要約 工業的な

例文 新進気鋭のデザイナー・杉田氏が考案した店は、**インダストリアル**な内装で埋め尽くされています。

インダストリアルは、工業的なという意味で、おもに製造業やデザイン業界で使われています。インダストリアルデザインといえば、飛行機や自動車、医療機器、家電など、工業製品に用いるデザインのことを指します。

インダストリアルインテリアは、工業製品として生産された、実用性が高く機能的な製品や設備・什器を使ったインテリアのことをいいます。たとえば、むきだしの配管やコンクリートの打ちっぱなしの壁、天井など無機質なものを指します。

音楽業界で使われるインダストリアルは、電子音楽を用いたジャンルを指します。インダストリアルメタルとインダストリアルロックは、エレキギターやシンセサイザーなどの電子楽器を駆使して、あえて割れた音色や雑音を出します。

エクスキューズ

要約 言い訳

例文 新事業の開発なんて、やってみないとわからないんだから、いま**エクスキューズ**を並べてもしかたないだろう。

エクスキューズは、弁解や弁明などを意味します。結果が出る前の段階ではうまくいかない場合の逃げ口上として「エクスキューズをつける」、結果が出てからは釈明として「エクスキューズが多かった」などの表現が使われます。「担当者として何かエクスキューズはありますか？」といった場合は、担当者として釈明はあるかと聞かれています。一方、「エクスキューズを入れる」といった場合は、事前に「ことわり」を入れる意味になります。

このほかにも英語のエクスキューズには、免除するという意味があり、まれに「私は特殊な事情があり、学費をエクスキューズしてもらった」といった使い方もされます。

なお、関西の人が会話の最後に「知らんけど」と付け足すのは、一種のエクスキューズといえます。

エビデンス

要約 証拠・裏づけ

例文 A社の健康食品はすごく売れていたけど、**エビデンス**がしっかりしてないから販売中止になった。

医療の世界で、治療法や薬に効果・効能がある証拠や検証結果のような意味で使われていたエビデンスは、近年あらゆる業界で使われるようになりました。「根拠を示せ」を「エビデンスはある?」といい換えるとスマートに聞こえることもあり、メーカーの開発部門では統計などの根拠資料が、エビデンスという言葉とともに飛び交っています。

なお、IT業界では、開発したシステムがうまく作動しているかどうかの証拠資料を、エビデンスと呼ぶこともあります。金融業界では、融資の可否を判断するための資料（確定申告書、源泉徴収票、売上台帳、土地の権利書など）を指します。類似語の**ファクト**（P222）が、実際にあったことを表すのに対し、エビデンスは主張や仮説を立証するための材料という意味合いをもちます。

エモーショナル

要約 心に響く感動的なもの

例文 あの歌手のバラード曲は**エモーショナル**で、ライブ会場がしっとりとした空気に包まれるんだ。

理屈で説明できないけれど、心を揺さぶられた状態をエモいといいます。その由来とされるのがエモーショナル（emotional）。感動的や感傷的などを意味し、音楽や映画、文学作品をほめるときに使われます。よく混同される表現に、**ノスタルジック**（なつかしさ、郷愁）があります。ノスタルジックにエモーションするため、混同されるのでしょう。

ビジネスにおいては、「部下に対してエモーショナルな言動を控えよう」のように、感情的になる状態を指すこともあり、必ずしもほめる表現でないので注意が必要です。

名詞形のエモーションは情緒や感情を意味する心理学の用語に由来します。由来といえば、エモいは日本語の「えもいわれぬ状態」からきたという説もあり、じつはカタカナでなく、ひらがなの「えもい」なのかもしれません。

エレメント

要約 基本的な要素・成分

例文 佐藤教授、地球という惑星を構成するもっとも重要な**エレメント**は、水でしょうか。それとも空気でしょうか。

エレメントという言葉にはさまざまな意味がありますが、一般には要素や成分を指します。「使いやすさとコンパクトなサイズは、この製品の重要なエレメントだ」といった表現になります。メーカーから「リチウムやクロムは希少金属のエレメントだ」といった話が出れば、元素のことだと解釈してください。

また、ＩＴ分野では、ＨＴＭＬやＸＭＬなどの**マークアップ**言語（文章を構造化するための言語）において、文書を構成する基本となる部分をエレメントと呼ぶことがあります。

なお、自動車整備やエンジンの説明で登場する**オイルエレメント**は、エンジンルーム内にあるエンジンオイルの汚れをきれいにするろ過フィルターのこと。整備士から「エレメントを交換しましょう」と提案されたら、フィルター交換の時期です。

ガジェット

要約 便利で気の利いた小道具

例文 僕にとってゲームのアプリは、駅で電車やバスを待っているときの時間つぶしに最適な**ガジェット**ですね。

近年では、スマホやスマートウォッチ、ワイヤレスイヤホンなど、小型のデジタル機器を総称してガジェットと呼んでいます。ですが、本来の意味は小道具や部品です。IT業界の開発者は、パソコンやスマホに装備させるソフトや便利な機能の意味で使います。「スマホで確認できる地域ニュースや天気予報は役立つガジェットだ」といった使い方をする場合、地域ニュースや天気予報など、ちょっとした情報を表示できるしくみをガジェットと呼んでいるわけです。

また、多くのメーカーが、スマホケースやモバイルバッテリーなどをモバイルガジェット、デジタルガジェットと呼んで販売しています。さらに、充電ケーブルやイヤホン、USBメモリなどを収納するポーチは、ガジェットポーチと呼ばれています。

ギミック

要約 ちょっとしたしかけ

例文 A社のCMは、社長みずから登場して商品を使うという**ギミック**が施されていておもしろいんだよね。

子ども向けのおもちゃには、おもしろいしかけや細工があったりします。このしかけのことをギミックといい、この用語はさまざまな分野で使われています。広告分野では、小さなトリックやしかけを指します。キャラクターが広告主のロゴマークが入った服を着ているのは、ちょっとしたしかけという意味のギミックです。

ゲームや放送用語では、合成や照明、音響などによる特殊効果をギミックと呼んでいます。タレントが驚いた様子の映像を何度もくり返して放送する手法や、公開放送で観客の笑い声を強調するのはギミックの1つです。音楽分野では奇をてらった演奏や、奇妙な音を用いた演奏を指します。「彼のギターを歯で弾くギミックは素晴らしかった」という使い方もあります。

キュレーション

要約 情報を編集して、価値をもたせること

例文 この美術館は一風変わった**キュレーション**をすることで有名で、企画展になるとマニアが集まるんですよ。

キュレーションは、もともと美術館や博物館などで働く学芸員を意味する**キュレーター**から派生した言葉で、情報を集めて分類し、共有することを指します。図書館の学芸員が夏休みに自由研究の参考になりそうな本をまとめて展示するのも、キュレーションの１つです。キュレーションのよし悪しで、来館者数が左右されることもあります。

ＩＴ業界では、インターネット上の情報を特定の視点で編集して公開する手法やサービスを指します。インターネットで知りたい情報をすぐに見つけるのが難しくなっていることから、テーマごとに整理し、わかりやすくまとめたキュレーションサイトができました。

ところが、元のサイトから本文や画像をコピーして掲載するキュレーションサイトが増えたため、信頼性が著しく低下しています。コピペはダメ、ゼッタイ。

コンテンポラリー

要約 いまどきの

例文 あのデザイナーの新作見た？着物をアレンジした洋服は**コンテンポラリー**なファッションだよね。

芸術やファッション、建築、インテリアなど分野でよく用いられる用語です。正確には現代の、今日的なという意味で使われます。「60年代の名画をリメイクしたコンテンポラリーな作品」「コンテンポラリーなリビング」などがそうです。

コンテンポラリーダンスは、バレエやジャズダンス、舞踏などに分類されない新しいダンスのジャンルこと。コンテンポラリーアートは現代美術や現代アートとも訳され、一般的に第二次世界大戦後の1950年以降の美術を指します。

類似語の**モダン**は、いままでにない新しさを意味する言葉で、1920年代ごろから使われ始めました。**アヴァンギャルド**（P191）は前衛的なという意味で、より先鋭的な表現に使われます。

サマリー

要約 内容を簡単にまとめたもの

例文 新規事業の参考にしたいので、S社が作成した昨年度の環境報告書の**サマリー**を用意しておいてくれ。

英語では要約や概要を表すサマリー（summary）は、会社や大学において、議事録や論文などの要点を簡潔にまとめたものを指します。長い学術論文や数式・化学式がズラッと並ぶ医学論文も「summary」と書かれている部分を読めば端的に理解できるかもしれません。また、映画や出版の分野では、あらすじをサマリーと表現する場合もあります。

ＩＴ分野では、文章やデータをグラフまたは表を用いて集計したページを指します。また、検索エンジンで検索した際に、ウェブページのリンクの下に出る、サイトの内容を数行でまとめたものもサマリーと呼びます。

講演や講義の内容を簡単にまとめた**レジュメ**は、サマリーと同じ意味で使われています。**アジェンダ**（Ｐ22）は検討課題という意味で、やや用途が異なります。

シニカル

要約 人をバカにするような態度

例文 担任の山本先生は**シニカル**な笑みを浮かべて、君がその成績で東大を受験するとは思わなかったといった。

人を見下した態度や発言に対して用いられる言葉で、皮肉っぽい、冷笑的なという意味になります。たとえば「部長に昇進したとたん、シニカルな言動が増えた」といったように使われます。

語源のシニック（cynic）は、古代ギリシア哲学の一派であるキュニコス学派を英語読みしたもの。冷笑的な態度をシニックな態度、好んでそのような態度を取る人をシニックな人といいますが、いまではあまり聞かなくなりました。

類似語の名詞**アイロニー**も皮肉を表し、風刺や反語という意味で使われています。シニカルが相手を軽蔑した言動に用いられるのに対し、アイロニーは遠回しの非難を意味するいい方になります。

シュリンク

要約 縮小すること

例文 多くの人が新型コロナウイルス感染予防で外出を控えたため、外食産業と旅行産業の市場は**シュリンク**した。

縮むことや萎縮することを表す言葉で、ビジネス分野では規模が縮小したり、減少したりする際に用いられます。経済学者やコメンテーターが「少子高齢化により国内市場はシュリンクしている」との説明を見聞きしたことのある人は多いでしょう。

ＩＴ分野では、データを圧縮することや小型化することを指します。「データをシュリンクして送付する」といった場合がそうです。一方、小売業では汚れ防止や中身を見せないようにするために商品を透明フィルムで覆うことをシュリンク、覆っているフィルムをシュリンクフィルムといいます。立ち読み防止の目的で書店が漫画本にビニールを被せて販売しているのがそれにあたります。シュリンクフィルムを使って製品や箱の形状にピッタリと密着させる方法は、シュリンク包装と呼ばれます。

ジレンマ

要約 2つの選択肢で板ばさみ状態

例文 不仲な父と母から毎日のように相手の悪口を聞かされ、私は**ジレンマ**におちいり何もいえなくなった。

ビジネスシーンとプライベートの両方で、頻繁に使われる用語の1つ。2つの事柄のうち、一方を選ぶともう一方が不都合な結果になることがわかり、どちらも受け入れられない状況、そのような苦しい立場をジレンマといいます。

ジレンマとよく似た状態を表す語に、相反する感情や意見が同時にある様子を意味する**アンビバレント**があります。ジレンマがどちらも選べない2つの選択肢の板ばさみであるのに対し、アンビバレントはひとつのものごとに対して相反する感情をもつことをいいます。「裏切られて悔しいが、嫌いにはなりきれない」という心の状態を指します。

また、**パラドックス**（P218）は似たような矛盾の意味も含みますが、板ばさみ状態ではないため少し用途が異なります。

スポイル

要約 ダメにすること

例文 祖父は事業に成功して大きな財を築いたが、その後ハングリー精神は**スポイル**されたと聞いています。

英語のスポイル（spoil）は腐敗させるという意味。よかったものがダメになっていく様子を表現し、ビジネスにおいてのスポイルは、よい性質を損なう、ものごとを台無しにする、甘やかしてダメにするという3つの意味で使われています。たとえば「あのアーティストは大衆受けを意識するうちに、魅力がスポイルした」といった場合は、本来もっているよい性質が大衆に迎合した結果、損なわれたという意味になります。

半年前から準備していたパーティが、泥酔した友人によってスポイルされた」といった場合のスポイルは、台無しにされたと置き換えることができます。「社長の息子はスポイルされていて将来が不安だ」といった場合は、甘やかされてダメになっているという意味になります。

チルアウト

要約 心を落ち着かせる

例文 1カ月間、休みを取らずにぶっ通しで働いたので、今週末は温泉に出かけて**チルアウト**するよ。

英語の「chill」はチルドのチルで、冷え、寒さを意味します。俗語で冷静になる、落ち着くという意味と、遊びに行くという意味でも使われます。日本では同様の意味のほか、くつろぐ、まったりするといった抽象的な表現として使われています。

近年、若者のあいだで「チルい」「チルする」といった表現が登場し、「チルい雰囲気でキャンプを始める」「好きな音楽を聴いてチルする」といった使い方がされています。

チルアウトミュージックといえば、チルしたい（リラックスしたい、ゆったりした気分にひたりたい）ときに聴く音楽で、ゆったりしたテンポの音楽のジャンルを指します。ほかにも、若者言葉としてチル友（一緒にいるとくつろげる友達）、チル消費（くつろげることにお金を使う）などのような言葉が使われています。

デバイス

要約　電子機器や、その周辺機器

例文　在宅勤務が始まったのを機に作業用の**デバイス**を買ったら、けっこうな出費になってしまったよ。

パソコンに接続するディスプレイ、キーボード、マウス、プリンターなどの周辺機器がデバイスです。周辺機器といっても外部にあるものだけでなく、パソコンやスマホの内部にある**CPU**（プログラムの処理装置）や**メモリ**といった装置も含まれます。近年では、スマート家電や**ウェアラブル**（P164）端末などデジタル製品を総称してデジタルデバイスと呼ぶこともあります。

周辺機器を使うために必要となるパソコン側のソフトを**デバイスドライバ**といいます。その名のとおり運転手のような役割を担い、デバイスを動かしてくれます。また、デバイスのセットアップといえば、パソコンやスマホを新しく買ったときに、使用できる状態にするための設定を意味します。

ドラスティック

要約 思い切った

例文 不透明な政治資金の処理や実現されない公約など、閉塞感のある日本の政治には、**ドラスティック**な改革が必要だね。

ドラスティックは思い切ったという意味で、テレビ番組でコメンテーターがよく使います。ビジネスシーンでも、「会社の状況を好転させるには、経営陣の総入れ替えや企業合併などドラスティックな経営改革が必要」といった使われ方をします。

そのほかに先例や習慣にとらわれず、ものごとをよい方向へ進めるための大きな変化を意味します。コロナ禍で**リモートワーク**が広がり、家で仕事するようになったのは、ドラスティックな社会変化といえます。

ドラスティックが変革や変化に対して用いられる一方、類似語の**ラディカル**は革新的な、急進的な、根本的なという意味で、「ラディカルな言動で注目される」「彼はラディカルな政治家」など、思想や人物の評価に対して用いられます。

バイアス

要約 偏った思い込み

例文 吉沢課長、私の人事評価に好き嫌いが加味されていませんか。そのような**バイアス**は排除すべきです。

もとは経済学や心理学、統計学など、学術分野で使われていた言葉です。ビジネスにおいてデータ収集などで専門家の意味を取り入れるうち、使われるようになったと考えられます。よく、偏った見方をしているという意味で「バイアスがかかっている」といいますが、これは、バイアス（bias）が英語で布地の織目に対する斜めの縫い目や裁断を表すことに由来します。これが転じて、偏りや偏見を意味する言葉となりました。

心理学用語の認知バイアスは、人が抱きがちな思い込みを指します。たとえば、詐欺にあっている人が自分は騙されるわけがないと思い込んで周囲の助言に耳を貸さない心理状態をいいます。このほか、電子工学の分野では電子部品を動かすときに電子回路に電圧や電流を加えることを、バイアスと呼んでいます。

バイブス

要約 ワクワクする気分

例文 この前出会った彼、一緒にいると**バイブス**が合うみたい。だから何をしてもめっちゃ楽しいのよ。

振動を意味する英語のバイブレーション（vibration）を短くしたのがバイブスです。もともとはジャズやヒップホップ、レゲエなどの音楽から生まれた俗語で、ノリやテンションを表す言葉でした。２０１０年代中期に日本に普及し、言葉がなくても伝わってくる雰囲気や高揚感、テンションといった意味合いで、音楽はもとより人や場所、ものに対しても使われています。

シーンを選ばず、いい雰囲気であれば広く使える言葉です。たとえば「初めて来たけど、この店バイブス高すぎー」「スイーツ食べ放題なんて、バイブスあがるわ～」といった具合です。おもに若い人が使う言葉ですが、ビジネスシーンでも「今日のバイブスはどう？」と部下を気づかうのはよいかもしれません。

パラダイムシフト

要約 常識が大きく変わること

例文 2000年代になって、モノを所有する生活からモノをシェアする生活への**パラダイムシフト**が起こった。

英語で規範を意味するパラダイム（paradigm）と、変化を意味するシフト（shift）を合わせた言葉です。ある時代や分野で当然と考えられていた常識や概念などが劇的に変わることを指します。したがって思想、産業、経済、生活様式など、さまざまな場面で用いられています。**パラダイムチェンジ**も同じ意味です。

「約260年続いた幕藩体制が終わり、明治維新によりパラダイムシフトが起こった」といった表現をします。また、ビジネスシーンでは、「弊社もパラダイムシフトに柔軟に対応しなければいけない」といった使い方がされています。

この言葉が、これまでの考え方が大きく変わることを指すのに対し、**イノベーション**（P71）は、新たなしくみや技術により、革新的な価値が生み出されることを示します。

パラドックス

要約 論理的に矛盾していること

例文 みんなが倹約して買い物をしなくなると、お店や企業の利益が減って、給料も減る。まさに**パラドックス**だよね。

論理学や数学の用語で、正当な考え方で推論を深めていくと、一般的な結論と逆の答えが導かれ、ものの道理が合わなくなることをパラドックスといいます。

パラドックスの意味を説明する際によく用いられるのが、「私は嘘つきだ」という言葉です。この発言をした者が嘘つきの場合、「私は嘘つき」という発言も嘘になるため、結論は「私は正直者」となり、発言とは逆の実態となります。一方、正直者が「私は嘘つきだ」と発言した場合、発言の内容が本当ということになるため、結論は「私は嘘つき」となり、実態とは異なるため矛盾が生じます。

日常会話では、「この壁への張り紙を禁止する、という紙が貼られているけど、これはパラドックスだよね」といった使い方ができるでしょう。

パラレル

要約 同時進行

例文 この映画は、東京とパリを舞台にした若い男女の2つのストーリーが**パラレル**に展開するという内容らしい。

パラレルは、平行を意味する言葉です。「A鉄道の2つの路線は東西の方向にパラレルに走っている」といった場合がそうです。電気工学の分野では、並列回路のことを指し、パラレル接続といえば並列接続を意味します。

また、パラレルは、よく似たものごとが同時進行している様子や、2つのものごとの状態や傾向がそっくりな関係にある場合にも使われます。ビジネスシーンなら、「2つのプロジェクトはパラレルに進められる」といった使い方ができます。

SF小説や映画では、現実の世界と並行して、宇宙のどこかに存在する異世界をパラレルワールドといいます。これと似たような言葉で、宇宙論では、観測はできないけれど理論上別の宇宙が存在するという、**マルチバース**という概念があります。

ビエンナーレ

要約 2年ごとに開かれる展覧会

例文 ヨーロッパは遠いからなかなか行けないけど、中国や台湾の**ビエンナーレ**は参加してみたいと思っているよ。

ビエンナーレの語源は、2年ごとを意味するイタリア語です。イタリアのベネチア市で1895年から1世紀以上にわたって開催されてきた美術展がベネチアビエンナーレと呼ばれ、世界的に知られるようになりました。

1950年以降は、サンパウロビエンナーレやパリ青年ビエンナーレなど、世界的な展示会名に用いられるようになったことから、隔年ごとに開催される美術展覧会や芸術祭はやがてビエンナーレと呼ばれるようになり、定着しました。

おもに美術業界で「A市の港湾地帯で2007年から隔年で行われていたビエンナーレは、2021年にいったん終了した」といったように用いられています。

ビエンナーレは国際的な規模で開かれるため、隔年では準備が困難なこともあり、3年

ビエンナーレとその他の名称、開催のタイミング

バイアニュアル(biannual)	1年に2回
アニュアル（annual）	1年に1回
ビエンナーレ（biennale）	2年に1回
トリエンナーレ（triennale）	3年に1回
クアドリエンナーレ（quadriennale）	4年に1回
クインクエンナーレ(quinquennale)	5年に1回

ごとの**トリエンナーレ**や、4年ごとの**クアドリエンナーレ**も開かれるようになりました。

トリエンナーレの代表は横浜市で開催されている現代アートの国際展、横浜トリエンナーレです。クアドリエンナーレの代表は、チェコのプラハで開かれている世界最大の舞台美術展覧会のプラハクアドリエンナーレです。

一方、ドイツのヘッセン州カッセル市で4年もしくは5年に一度開催される国際美術展は**ドクメンタ**と呼ばれています。ドクメンタは時代の記録という意味が込められた造語で、1955年の第1回はナチス時代に弾圧された芸術についての展示会でした。現在は、ベネチアビエンナーレと並び、世界最高峰の国際美術展となっています。

ファクト

要約 事実

例文 君、会議資料の作成には誤字脱字のチェックももちろん大事だが、**ファクト**の確認が最優先だぞ。

語源はつくる、するを意味するラテン語のファクタ（facta）です。ビジネスにおいては事実関係を意味し、企業などが事実確認や裏付け調査を行うことを**ファクトチェック**といいます。「製品不具合についてはファクトチェックの段階です」などと使われます。

また、**ファクトベース**は売上げや来客数といった数値データに基づくこと、ファクトベース思考はそうした数値データを重視する考え方を指します。「憶測ではなくファクトベースで説明してほしい」といった使い方をします。

なお、スペルと音がよく似ている**ファクター**（factor）は、ある結果をもたらす要素や要因という意味です。「生産性が向上したことで、売上げがアップした」という場合、生産性の向上がファクター、売上げアップがファクトになります。

フェミニズム

要約 性別にかかわらずすべての人が平等に

例文 私は大学時代に留学したスウェーデンで、環境問題と**フェミニズム**について学びました。

フェミニズムは、女性の権利を主張する活動を指します。ただし国や時代によって解釈が異なるため、定義もさまざまです。

現在は、女性に特定した活動から、性別にかかわらず誰もが平等で差別をされない社会をつくる活動という意味合いが強くなっています。なお、**フェミニスト**は一般的に女性平等主義者を意味します。

近年日本では、職場でのハイヒール・パンプス着用の義務づけに抗議する運動がありました。これを受けて、ツイッターでは、ハッシュタグの#MeeToo（私も）をもじり、靴と苦痛をかけ合わせた表現の#KuTooが流行しました。#MeeTooは女性に対する差別やハラスメントなどさまざまな問題に抗議する運動としても注目されています。

フレキシブル

要約 臨機応変

例文 当社の採用活動は、昨今の状況をふまえオンライン面接など**フレキシブル**な対応をしています。

モノがしなやかな様子や柔らかな状態を表し、「曲面に設置できるフレキシブルなガラスだ」のように使われます。転じて人の精神や性格にも用いられ、「彼はずいぶんフレキシブルだね」といった場合は、「彼は順応性が高い」の意味になります。制度や規則についても、「いつでも自宅で仕事ができるフレキシブルな勤務制度」のように使われます。

フレキシブルタイムといった場合は、働く人が始業・終業時間や働く時間を自由に選べる勤務体制を指します。**フレックスタイム**ともいいます。対となる**コアタイム**は、必ず勤務しなければいけない時間を表します。

また、名詞形の**フレキシビリティ**は柔軟性、融通性という意味で、「フレキシビリティに富んだ組織」といった使い方がされています。

プロパガンダ

要約 政治的に大衆を情報操作する宣伝活動

例文 選挙が近くなると、ツイッターで**プロパガンダ**合戦が展開されて、見るのもうんざりしてくるんだ。

種をまくという意味のラテン語に由来するプロパガンダは、特定の思想を個人や集団に信じこませる宣伝活動を意味します。宣伝という意味ではプロモーションと似ていますが、モノやサービスではなく思想を広げるところで、プロパガンダのほうがやや悪いニュアンスで用いられがちです。なぜなら歴史にルーツがあるからです。

ドイツのナチ党が勢力を拡大するためには新聞やラジオ放送を通じてナチ党は正義だと信じこませ、第二次世界大戦へ突入していきました。大戦後に「ナチ党の広報は、ドイツ国民を侵略戦争に誘うプロパガンダだった」と指摘されました。

なお、情報の出どころが明確な、**エビデンス**（P200）のあるプロパガンダのことは**ホワイトプロパガンダ**といいます。

ベネフィット

要約 商品から得られる満足感

例文 肌がすべすべになることで実年齢より若く見られるようになるのが、この化粧品の**ベネフィット**です。

あらゆる分野で使われる用語で、利益を意味するベネフィット。ただし必ずしも金銭的な利益だけでなく、機能的な利益や心理的な利益も指します。

類似語のメリットが商品・サービスそのものがもつ長所や利点を指すのに対し、ベネフィットは顧客や利用者にとっての価値や利便性、メリットの先にある満足感という意味で使われています。

たとえばナイキやニューバランスなど、世界的なブランドのスニーカーを購入したとき、利用者はそれを履いて公園やグラウンドを走れるという機能的な利益だけでなく、ジョギングの楽しさという心理的な利益（満足度）を得ることができます。芸能人やセレブと同じスニーカーであれば、それを履いているという優越感を覚える人もいるかもしれません。

メリットとベネフィット

	メリット	ベネフィット
 カメラ	画素数が高い	綺麗に写真を残せる
 車	8人乗り	家族・友人と 思い出がつくれる
 ゴルフのクラブ	飛距離が出る	スコアがよくなる

このように、お金に換算できない価値や、顧客が得る満足度もベネフィットです。

メーカーや広告業界では、「このジャケットを着ることで得られるベネフィットは、高いファッション性から得られる生活の輝き」といった使われ方をします。

行政機関では、公共事業によって、国民や市民が得られる有効性や恩恵を表します。「新しい公立図書館に庭園とカフェが併設されて市民の憩いの場となったことは、大きなベネフィットです」といった使い方がされます。

一方、医療分野では、医薬品の安全性や有用性のことを指します。「この薬のベネフィットは、飲みやすさと効き目の確かさです」といったように使われています。

ペルソナ

要約 細かく設定した架空のユーザー像

例文 まず、この商品を愛用してくれる**ペルソナ**を想定し、ターゲットを絞ってから広告展開を考えましょう。

パーソン（person）の語源となったペルソナは、もともとは舞台で俳優がつける仮面を表していました。これが転じて、役柄や人柄、さらに人や人格という意味をもつようになりました。心理学の分野では、心理学者ユングが提唱した人間の外的側面を指します。つまり、周囲に見せている自分のことです。

現在、もっとも頻繁に使われるのは広告業界で、サービスや商品を利用する典型的なユーザー像設定のことをペルソナと呼びます。名前や年齢、ライフスタイルなど細かく設定し、ペルソナに気に入ってもらえる商品開発を行う手法をペルソナマーケティングといいます。

なお、ＲＰＧゲームの「ペルソナ」シリーズでは、もうひとりの自分という意味で使われます。

マイスター

要約 巨匠

例文 私は将来、靴職人の**マイスター**になりたいんだけど、ヨーロッパに行けば資格が取得できるのかな？

マイスターは料理店や服飾の学校などで使われる言葉で、名人や巨匠の意味があります。もとは高等職業能力資格認定制度（マイスター制度）で最上位の人を表すドイツ語です。マイスター制度は、優れた技術を後年に残すことを目的に実施され、多くのスペシャリストを育てています。

日本でも「マイスターのもとで技術を身につけた」というように、高い技術を有する専門家に対して使われます。

類似語の**マスター**は英語で、親方や師匠のほか、経営者、習得するという意味でも使われています。また、**マエストロ**はイタリア語で、芸術家や専門家に対する敬称。マイスターと同じく巨匠のほか、指揮者、作曲家などの意味で使われます。

メンター

要約 優れた助言者

例文 通っていた学習塾の講師は私の**メンター**となり、受験のテクニックだけでなく多くのことを学びました。

ギリシア神話の英雄オデュッセウスがトロイア戦争に出征する際、自分の子テレマコスを優れた指導者に託しました。その指導者の名前がメントール（英語読みではメンター）だったことから、よき指導者や優れた助言者の意味で使われるようになりました。

人生の転機においてその後の指針となる重要な言葉をくれた恩人、厳しい指導などで変わるきっかけを与えてくれた先生などが、メンターです。

また、メンターは、離職率を低くする目的で行われる企業の人材育成方法にも登場します。メンター（育成者）が**メンティ**（被育成者）と組んで、対話によってメンティの成長を促したり、支援したりすることを**メンタリング**、またはメンター制度といいます。メンターの類似語にコーチ、メンタリングの類似語に**コーチング**があります。

モニュメント

要約 記念碑

例文 川の氾濫を食い止めるなど地元で大きな功績を残した彼の**モニュメント**には、いつも花などが添えられている。

モニュメントは、思い出させるを意味するラテン語モネーレ（monere）から派生した言葉です。元の意味のとおり、記念碑や慰霊碑、偉人の銅像などを指すほか、不朽の業績や作品に対して使われます。前者では上野公園の西郷隆盛像やパリの凱旋門などが有名です。後者の意味で使う場合は、「山下選手はこの大会で世界新記録を出し、モニュメントを残した」や「『スリラー』は全米セールス３３００万枚を突破し、音楽業界のモニュメントとなった」などの偉大さを讃える表現となります。

なお、似た意味でフランス語の**オブジェ**（objet）があります。これは人に見てもらう芸術品に対して用いられる言葉で、何かの記念につくられ、芸術性を問われないモニュメントとは目的が異なります。

リノベーション

要約 大改修して新たな価値をプラスする

例文 リモートワークを皮切りに田舎に引っ越して、空き家になっていた古民家をアジアンテイストに**リノベーション**したんだ。

リノベーション（renovation）は英語で改革、修理、改造を意味します。不動産物件を探すときにこの言葉をよく見かけます。既存の建物や部屋を大規模に改築または改装し、新たな機能や価値を付け加えることを指します。

大規模改修した建物や部屋はリノベーション物件と呼ばれ、物件がおしゃれによみがえる、新築物件より比較的安いなどのメリットがあります。

同じく建築・不動産業界で使われる**リフォーム**は、ボロボロになった部分を修復したり、老朽化したスペースを改装したりすることを指します。つまり、マイナスの部分を修復してゼロに戻すという意味合いです。リノベーションは用途変更や機能の高度化を図る変更なので、厳密には意味が異なります。

ルサンチマン

要約 弱者が強者に抱く嫉妬心

例文 貧しい家庭で育った彼は、資産家に対する**ルサンチマン**を抱えており、長らく克服できなかった。

ルサンチマンは、もともとはフランス語で、ドイツの哲学者ニーチェが「弱者が強者に抱く怨恨」と定義づけした哲学用語です。ニーチェは、支配されている者や弱者は支配者や強者に対してルサンチマン（弱者側の道徳観）をため込んでいると説きました。ただし恨みや憎悪があっても行動に移せないため、想像のなかで復讐心をふくらませているだけという特徴があります。

哲学用語であり使いどころが難しいですが、日本ではおもに学者や政治家、作家が演説や論文、作品などで用いています。たとえば、富裕層や芸能人の話題に触れるとき、「私たちが芸能人のスキャンダルに興味を抱くのは、ルサンチマンを抱いているからかもしれない」といった表現が成り立つでしょう。

レイヤー

要約 階層

例文 このアプリは20代女性向けに開発されましたが、主婦向けに広告を打ち、新たな**レイヤー**を獲得しました。

階層を意味するレイヤーは、もともとはＩＴやデザイン、美容業界の専門用語でした。この場合、システムやソフト、ウェブサイトなどに形成される層のことをいい、「このレイヤーだけ調整する」のように使われます。

また、ヘアサロンでは段差をつけて切る手法をレイヤーカットといい、ファッション業界では重ね着スタイルのことを**レイヤード**と呼びます。

こうした専門用語から派生して、ビジネスシーンにおいては年齢層や収入層などの一定の幅や業務の進捗段階などを表す言葉として使われています。

なお、コスプレイヤーのことをレイヤーと呼ぶ場合がありますが、これは単なる省略表現です。

ロハス

要約 健康と環境に優しい暮らし

例文 友人一家はもともと**ロハス**志向だったので希望退職募集に応じて地方へ移住し、農業をはじめた。

雑誌や雑貨店、自然食品店などで見かけるＬＯＨＡＳは、ライフスタイルズ オブ ヘルス アンド サステナビリティ（Lifestyles Of Health And Sustainability）の頭文字を取った言葉で、そのカタカナ表記です。１９９０年代後半にアメリカで誕生した新しい考え方で、健康と環境、持続可能な社会生活を心がける生活スタイルと定義づけられています。

環境に負荷のかからない製品や省エネ製品を積極的に使う、地元で生産される有機野菜を食べる、ヨガや瞑想を生活に取り入れるなど、自然志向で丁寧な暮らし方の総称としてよく使われます。この言葉を使う場合は、「エコ住宅に住むだけでなく、環境負荷の少ない家電製品を使い、健康的なロハスを実践」といったように、環境やエコなどのキーワードをちりばめると、わかりやすく伝わるでしょう。

ロビイング

要約 根回し

例文 ようやく希望していた経営企画部への異動が決まった。長年の**ロビイング**の成果が出たなあ。

組織の中で使われるロビイングは、ロビー活動とも呼ばれます。自分たちの希望の実現や利益につなげるための水面下の働きかけ、つまり根回しを意味します。世界的には、民間企業が政治家や国、国際団体に対して自社のビジネス展開に有利な政策や制度を打ち出してもらうための働きかけや、個人が政治家に陳情をすることを意味します。そして、このような活動をする人は**ロビイスト**と呼ばれます。

ロビー活動のロビーとは、ホテルのロビーに由来します。アメリカ大統領が妻に隠れてホテルのロビーで葉巻を吸っていたところ、そこに人が集まって陳情されたことが始まりといわれます。最近、ホテルのロビーはたいてい禁煙なので、このようなロビイングは難しくなっていきます。

ワークショップ

要約 体験型の講習会

例文 夫婦で自治体のまちづくり**ワークショップ**に参加して、災害危険エリアの地図をつくった。

もともとは仕事場や作業場を意味する言葉ですが、これが転じて体験型講習会となりました。ワークショップは、話を聞くだけの一方通行型な**セミナー**とは異なります。参加者が発言したり、体を動かしたりと自発的な行動をともないます。

ワークショップはダンスや学校教育に取り入れられているほか、親子で一緒に料理や工作、農産物の収穫などに挑むイベントも行われています。

最近では、**ファシリテーター**と呼ばれる進行役を設定し、参加者とのディスカッションを活発に行うワークショップも開かれています。

ビジネスにおいては、参加者が課題解決のための意見交換や提案書作成などを行う研修をワークショップと呼ぶことがあります。

ワ行

マ行

ヤ行

ラ行

カ行

用語索引

太字＝見出しになっているページ

A~Z

●主要参考文献

『見やすいカタカナ新語辞典〈第4版〉』三省堂編修所・編（三省堂）
『大人のカタカナ語大全』話題の達人倶楽部・編（青春出版社）
『IT用語図鑑 ビジネスで使える厳選キーワード256』増井敏克・著（翔泳社）
『知っているようで知らないビジネス用語辞典』出口汪・監修／ビジネス用語研究会・編（水王舎）
『最新 基本パソコン用語事典〈第5版〉』秀和システム編集本部・編著（秀和システム）
『あの新語もわかる カタカナ語すぐ役に立つ辞典』日本語倶楽部・編（河出書房新社）
『未来IT図解 これからのブロックチェーンビジネス』森川夢佑斗・著（エムディエヌコーポレーション）
『未来IT図解 これからのDX〈デジタルトランスフォーメーション〉』内山悟志・著（エムディエヌコーポレーション）
『すっきりわかる！ 超訳「カタカナ語」事典』造事務所・編著（PHP研究所）
『今を読み解く経済用語がわかる事典』藪下史郎・監修／造事務所・編著（大和書房）

●主要参考ウェブサイト

コトバンク、東洋経済オンライン、ダイヤモンド・オンライン

イースト新書Q

Q080

いまさら聞《き》けない「ヨコ文《も》字《じ》」事《じ》典《てん》
造《ぞう》事《じ》務《む》所《しょ》

2022年3月20日　初版第1刷発行

執筆協力　倉田楽、東野由美子、鳥羽賢、古田由美子
イラスト　ひらのんさ
発行人　永田和泉
発行所　株式会社イースト・プレス
東京都千代田区神田神保町2-4-7
久月神田ビル　〒101-0051
Tel.03-5213-4700　fax.03-5213-4701
https://www.eastpress.co.jp/
ブックデザイン　福田和雄（FUKUDA DESIGN）
印刷所　中央精版印刷株式会社

ISBN978-4-7816-8080-4

イースト新書Q

よくわかる思考実験　高坂庵行

聞いたことはあるけれど、どんなものなのかは意外と知られていない!? そんな思考実験の数々を、サイエンスライターがわかりやすく解説！「箱のなかにいる猫は、生きた状態と死んだ状態が重なりあっている?」（シュレディンガーの猫）、「修理した船と、もとの材料を集めてつくった船、どっちがオリジナル?」（テセウスの船）、「暴走するトロッコから、どちらを救うか?」（トロッコ問題）などを紹介。いざ、めくるめく思考の旅へ！

たぶん一生使わない？異国のことわざ111　時田昌瑞／伊藤ハムスター 絵

ことわざの数だけ世界がある。「マングース殺して後悔（ネパール）」「苦労はお前の、金なら俺の（モンゴル）」「ロバをしっかり繋げ、後はアッラーに任せよ（トルコ）」「ウオトカよ、こんにちは、理性よ、さようなら（ジョージア）」「ワインは年寄りのおっぱい（スイス）」「大きなジャガイモを集めるのが最高（アイルランド）」などなど、ユニークな世界のことわざをイラストとともにご紹介！日本では通じないけれど、あなたも使ってみたくなるかも？

偉人の年収　堀江宏樹

戦国武将の金銭トラブル／渋沢栄一の年収変遷／シェイクスピアの秘密の副業ほか多数。日本史・世界史の偉人42名の金銭事情を、現代日本円に換算して生々しく紹介する。誰もが知るあの偉業は、実際のところ、どれだけの富を生み出したのか？偉人たちは、どう収入を増やしたのか？何につぎ込んだのか？給料・借金・税金・遺産を調査し、彼らの生きざまを読み解く。良識ある研究者は手を出したがらない「禁断のテーマ」に挑む、実験的歴史エッセイ。